Ferran Marín Ramos

# Gramática Básica de
# Djudeo-espanyol

**MS**PUBLISHERS

**Gramática básica de Djudeo-espanyol**
2ª edición: junio de 2018

© Ferran Marín Ramos, 2014

© MS Publishers
　WWW.MSPUBLISHERS.COM

El autor agradece aquellos comentarios de los lectores que contribuyan a mejorar esta obra, quienes deseen pueden escribir al correo: *gramaticadeladino@gmail.com*

ISBN 978-1720735175

Todos los derechos reservados. Queda prohibida la reproducción total o parcial sin el consentimiento previo y por escrito de los titulares del copyright, salvo excepción prevista por la ley.

**A Pilar, Andrés y Daniel**,
a quienes debo tanto.

**A Ixeya e Izarbe,**
encargadas de conocer, defender y divulgar este legado.

«*Lo ke si me duele en la alma es ke ya no aiga kaje dinguno ke favle komo mozotros. Ke teniya de malo? Ke no sirvio para entendermos ken dosde faze tantas anyadas emos favlado ansina? Deke agora ya no vale i tiene ke ser de otra manera? Es una penika. Todo lo muestro se eskapa. I la manera de favlar sera otra de tantas kozas ke va murir kuando muramos los viejos ke kedamos en esta rejion*».

«*Lo que sí me duele en el alma ye que ya no ñ'aiga cuasi naide que charre como nusotros. Pos ¿qué teniba de malo? ¿Que no ba balé pa entender-mos los que dende fa tantos tiempos em charrau asinas? ¿Por qué agora ya no bale y tiene que ser d'atras trazas?… Ye una pena. To lo nuestro s'acotola. Y la forma de charrar será otra de tantismas cosas que se morirá cuan mos acabem de morir los biejos que quedam por estas redoladas*».

Ana Tena Puy, «Ta óne im»

# Índice

**Prólogo de Matan Stein**........................................................................... 13
**Prólogo de Andrés Lascorz**...................................................................... 15
**Introducción**............................................................................................ 17
**1. Escritura y fonética**............................................................................. 19
    1. Breve descripción de la lengua......................................................... 19
    2. Escritura del Djudeo-espanyol.......................................................... 20
        2.1. La escritura con caracteres turcos............................................. 21
    3. Fonética............................................................................................ 21
    4. Tildes............................................................................................... 21
    5. Escritura aljamiada........................................................................... 22
    6. Alifatos............................................................................................ 22
    7. Tabla de equivalencia de caracteres hebreos..................................... 23
**2. El artículo**............................................................................................ 25
    1. Función gramatical........................................................................... 25
    2. El artículo determinado.................................................................... 25
    3. El artículo indeterminado................................................................. 26
    4. Contracción del artículo.................................................................. 26
**3. El sustantivo**........................................................................................ 27
    1. Descripción...................................................................................... 27
    2. Funciones del sustantivo en la oración............................................. 27
    3. El género......................................................................................... 28
    4. El número del sustantivo.................................................................. 29
    5. Aumentativos y diminutivos............................................................. 30
**4. El adjetivo**........................................................................................... 31
    1. Definición........................................................................................ 31
    2. Posición del adjetivo........................................................................ 31
    3. Tipos de adjetivos............................................................................ 32
    4. Apócopes......................................................................................... 32
    5. Sustantivación del adjetivo............................................................... 32
    6. Grados del adjetivo.......................................................................... 33

## 5. El pronombre ... 35
1. Pronombres personales tónicos ... 35
    1.1. Pronombres tónicos con preposición ... 36
    1.2. Fórmulas de cortesía ... 36
2. Pronombres átonos ... 37
3. Usos del pronombre *se* ... 38
4. Posición de los pronombres átonos ... 39

## 6. Pronombres-Adjetivos ... 41
1. Demostrativos ... 41
2. Posesivos ... 41
3. Relativos e interrogativos ... 42
4. Indefinidos ... 44
    4.1. Indefinidos sustantivos ... 44
    4.2. Indefinidos adjetivos ... 45
5. Numerales ... 45
    5.1. Numerales cardinales ... 45
    5.2. Numerales ordinales ... 46
    5.3. Partitivos ... 46

## 7. El verbo ... 47
1. Definición y tipos ... 47
2. La persona ... 47
3. El número ... 48
4. Tiempos verbales ... 48
5. Modos verbales ... 48
    Tabla tiempos y modos verbales ... 49
6. La voz ... 50
7. Conjugaciones ... 50
8. Primera conjugación (-AR): ***Kantar*** ... 51
9. Segunda conjugación (-ER): ***Komer*** ... 52
10. Tercera conjugación (-IR): ***Bivir*** ... 53

## 8. Tiempos compuestos, verbos copulativos e irregulares ... 55
1. Formacion de los tiempos compuestos ... 55
    1.1. Uso actual de los tiempos compuestos ... 55
2. Verbo *Aver* ... 56
3. Verbo *Tener* ... 57
    3.1. Perífrasis con *Tener* ... 57
4. Formando los tiempos compuestos: ***Kantar*** ... 59
    4.1. Con el verbo *Aver* ... 59
    4.2. Con el verbo *Tener* ... 59
5. Verbo *Ser* ... 61
6. Verbo *Estar* ... 63
7. Verbo *Azer/Fazer* ... 65

8. Verbo *Poder/Pueder*..................................................................67
9. Verbo *Kerer/Kierer*..................................................................69
10. Verbo *Ir*............................................................................. 71
11. Verbo *Dever*........................................................................ 73
12. Algunas formas irregulares......................................................75
## 9. Notas de sintaxis verbal.......................................................77
1. Futuro inmediato..................................................................77
2. Futuro anterior.....................................................................77
3. Formas no personales del verbo............................................77
4. Uso del Imperativo...............................................................78
5. El subjuntivo........................................................................78
6. Sobre las formas del *Kondisional*........................................ 79
7. Expresar la condición............................................................79
8. Expresar la obligación...........................................................80
9. Expresar la necesidad............................................................80
10. Perífrasis verbales usuales....................................................80
## 10. El adverbio........................................................................81
1. Definición............................................................................81
2. Tios de adverbio...................................................................81
    2.1. Cantidd...................................................................... 81
    2.2. Lugar......................................................................... 82
    2.3. Modo......................................................................... 82
    2.4. Tiempo....................................................................... 82
    2.5. Duda...........................................................................82
    2.6. Negación.....................................................................83
    2.7. Afirmación..................................................................83
## 11. Preposiciones, conjunciones, coordinación y subordinación............85
1. Preposiciones......................................................................85
2. Conjunciones......................................................................85
3. Oraciones coordinadas.........................................................86
    3.1. Copulativas................................................................ 86
    3.2. Disyuntivas.................................................................86
    3.3. Adversativas...............................................................86
4. Oraciones subordinadas....................................................... 86
    4.1. Concesivas................................................................. 86
    4.2. Consecutivas.............................................................. 86
    4.3. Finales....................................................................... 86
    4.4. Completivas............................................................... 87
    4.5. Causales.................................................................... 87
    4.6. Condicionales............................................................87
    4.7. Adverbiales Temporales..............................................87
    4.8. Adverbiales Modales.................................................. 87

  4.9. Adverbiales Comparativas..........................................................87
  4.10. Adverbiales Locativas o de lugar............................................87
**12. Expresiones de uso habitual.................................................... 89**
  1. Saludos comunes........................................................................ 89
  2. Días de la semana...................................................................... 89
  3. Estaciones del año.....................................................................89
  4. Meses del año............................................................................ 90
  5. Expresar la fecha.......................................................................90
  6. Decir la hora.............................................................................. 90
  7. Los colores................................................................................. 91
  8. Algunas formas de expresarse..................................................91
**13. Recursos en Internet................................................................93**
  1. Alifatos....................................................................................... 93
  2. Canales en Youtube................................................................... 93
  3. Cursos y Comunidades virtuales.............................................. 93
  4. Entidades................................................................................... 94
  5. Léxico y enciclopedias.............................................................. 94
  6. Radio..........................................................................................94
  7. Revistas...................................................................................... 94
  8. Verbos........................................................................................ 95
**Bibliografía....................................................................................97**

# Prólogo de Matan Stein

La prezente ovra es una emportante kontribusion al mantenemiento i a la promosion de la lingua djudeo-espanyola, i, a mi entender, es un testimonio de su vitalita i del grande intereso enverso eya.

Ferran Marín Ramos, ke esta enamorado de las linguas chikas lazdra por mantener la erensia djudia de Aragon, da al meldador de esta ovra, ke su lingua maternala es el Kastiyano, las yaves indispensavles, kon las kualas pudiera el avrir las puertas de la lingua i del patrimonio de los desendientes de los djidios sefaradim ke hueron ekspulsados por los Reyes Katolikos de Espanya en 1492.

Este livro mos mostra, ke el djudeo-espanyol (djudezmo, ladino o spanyolit) apartiene no solo a los ditos, sino ke tambien a Espanya i a los espanyoles de oy, revelando sus raizes i re-eskriviendo sus istoria.

En meldando las explikasiones i los enshemplos ke prezenta Marín Ramos se revelara, muy presto, ke malgrado las asemejansas entre las dos linguas, ay diferensias sinyifikantes, en todos los aspektos linguistikos, ke las bien distingen.

Kijera rengrasiar al eskritor de esta gramatika, i expresar mi esperansa, ke el kontinuara kon su lavor a publikar mas ovras komo esta, o, asegun el reflan, este livro «ermanos ke tenga».

Matan Stein<br>
Yerushalayim, Israel

# Prólogo de Andrés Lascorz

El sieklo 20 fue trajiko para los djudios sefaradis i el ladino. Munchos «Espanyoles sin patria», munchos fueron asesinados (Z"L) por los nazistas i kon eyos, su kultura i la lingua.

Ekspulsados de Sefarad i Portugal arivaron a tierras i aya moravan komunidades djudias, i se konta ke kuando los sefaradis arivaron en las sivdades, komo ke eran muy relijiozos no achetaron komo djudios a los djudios ke moravan akeyas sivdades, i no miraron a asimilarsen kon eyos durante munchos anyos. Miles de sefaradis tuvieron el mazal de topar asilyo, los primeros anyos, en tierras de preferensia al deredor de la Mediterranea.

Los sefaradis durante kaje 500 anyos bivieron de manera independiente en sus komunidades, fraguando sinagogas, eskolas, ospitales i... durante sieklos avlaron el Djudeo-espanyol o Ladino, ke eskrivieron kon letras Rashi o Solitreo. Su lingua familyar fue el ladino, kon variantes de kada paiz. Ma verso la mitad del sieklo 19 los sefaradis adoptaron komo lingua franka el Fransez.

Malgrado la influensya de las eskolas de la Alliance para eyos la ermoza lingua, era i es aktualmente, el Djudeo-espanyol.

Un grande amigo de la Kultura sefaradi, mi amigo Ferran Marin, un ombre brillante i jenerozo, me ha demandado eskrivir un prolog a su valioza Gramatika basika del Djudeoespanyol, kon esta chika i grande obra, tendremos el mazal de poder rekuperar presto en Sefarad i en munchos lugares un poko, la ermoza lingua i kon eya parte de la kultura sefaradi. Munchas grasyas Ferran! Anyos munchos i buenos para ti i tu familya!

F. A. Lascorz Arcas

# Introducción

Hace algunos años de la publicación de esta obra, que ha tenido una muy buena aceptación por parte del público lector. Por eso he creído conveniente revisarla y ponerla de nuevo al alcance de aquellos que aman y se interesan por esta *lingua chika*.

Los cambios con respecto a la anterior edición son mínimos y se refieren solo a la corrección de algunos errores, muy pocos, que en su momento nos pasaron desapercibidos y que, en cualquier caso, no afectaban a la comprensión del texto. La novedad más destacable es el cambio de casa editora, aunque siempre quedará el agradecimiento hacia quienes hicieron posible la publicación de este libro por primera vez.

La otra gran novedad es que existe un curso online, complementario a esta gramática, en el que los interesados pueden reforzar sus conocimientos por medio de ejercicios prácticos y un seguimiento tutorizado. La dirección del curso es: *http://gramaticadeladino.blogspot.com*

Durante algunos años residí en la que fue la judería medieval de Luna, en Aragón, lo cual no hizo sino alimentar mi interés por la minoría judía en los reinos peninsulares de la edad media. Pero interesarse por la minoría judía en Sefarad pasa inevitablemente por contemplar el triste capítulo de la expulsión, acaecida en aquel fatídico año de 1492. Sin embargo, en lo que respecta a la lengua, esta fecha constituye precisamente su punto de partida.

Los judíos expulsados, contra todo pronóstico, conservaron la lengua vernácula de sus territorios de origen como signo de identidad frente a otras comunidades judías, tal vez espoleados por la esperanza del regreso.

El paso de los siglos y el contacto con otras realidades lingüísticas y culturales transformaron la lengua hasta adoptar la forma en la que ha llegado hasta nuestros días.

Gracias a Internet podemos disponer de abundante material de estudio y de lectura, vídeos y audiciones, pero su mayor utilidad radica en posibilitar el contacto directo con judíos sefardíes que hablan o estudian la lengua y con los que poder practicar lo aprendido.

Con todo, el motivo principal que me llevó a escribir este libro sigue siendo el mismo: la escasez de materiales divulgativos en castellano para el aprendizaje del judeoespañol, lo cual dificulta su estudio considerablemente, sobre todo para un lector no especialista.

El presente manual está estructurado *grosso modo* como una gramática convencional, de modo que cada apartado presenta en detalle una clase de palabras determinada y su función en la oración.

Los diferentes contenidos se presentan comparando las estructuras del castellano y del judeoespañol, para que se puedan apreciar tanto las similitudes —que son muchas— como también las diferencias —que son notables— entre ambas. Así mismo, cuando existen varias palabras para expresar un mismo concepto he optado por usar aquellos términos similares con los vocablos españoles.

No es éste un curso de conversación ni un estudio filológico, sino un manual de aprendizaje de los fundamentos gramaticales de la lengua, con los que el lector adquirirá las competencias elementales para comprender buena parte de los textos judeoespañoles publicados y comenzar a escribir sus propias creaciones en esta *ermoza lingua*.

Posteriormente, su esfuerzo y constancia le permitirá ir profundizando en el conocimiento práctico del idioma. Para ello, al final de la obra se proporciona una serie de recursos disponibles en Internet que, sin duda, resultarán útiles a ese propósito.

Aunque he procurado presentar una gramática lo más completa posible soy consciente de que será mejorable en no pocos aspectos. Animo, pues, al lector a comunicar los errores que localice y a realizar las sugerencias que crea oportunas. Vaya mi agradecimiento por adelantado.

No quisiera terminar esta introducción sin antes agradecer el apoyo y la ayuda de Andrés Lascorz, profesor de cultura y lengua hebreas de la Universitat Rovira i Virgili de Tarragona, infatigable investigador y gran amigo. A él le debo, entre otras cosas, el haberme empujado a mi incursión —aún incipiente— en el mundo de la lengua judeoespañola.

También quiero dedicar unas palabras de reconocimiento a Matan Stein, miembro de la *Autoridad Nasionala del Ladino i su Kultura*, por su disposición siempre atenta y amable para resolver buena parte de las dudas que han ido surgiendo durante la redacción de esta obra.

Finalmente, no quiero olvidar mencionar a mi querido amigo Daniel Servent, cuya tenacidad ha posibilitado la aparición de la segunda edición de esta obra.

Constantí, 3 de junio de 2018
Sefarad, 20 Sivan 5778

# Capítulo 1
# Escritura y fonética

## 1. Breve descripción de la lengua

El judeoespañol es el idioma hablado por los descendientes de los judíos expulsados de los diferentes reinos españoles en 1492. La lengua recibe, entre otros, los nombres de *djudezmo*, *djudeo-espanyol* y *spanyolit*, aunque en castellano es también conocida como *ladino*, pese a que esta denominación no es del todo exacta[1], por lo que nos referiremos a ella preferiblemente como judeoespañol.

Aunque conformada inicialmente a partir del castellano medieval, el judeoespañol recibió la influencia de otras muchas lenguas debido tanto al origen geográfico diverso de los mismos expulsados como a los idiomas propios de los territorios en los que se fueron asentando las primeras comunidades sefarditas.

En consecuencia, la lengua conserva en la actualidad términos propios del catalán, del aragonés, del portugués, del francés, del italiano, del griego, del árabe, del turco, entre otras, pero también de lenguas eslavas y por supuesto del hebreo, la lengua de la Torah.

Más allá del campo léxico, esta influencia lingüística también ha dejado su impronta en su fonética y en la estructura gramatical del idioma y le ha conferido las peculiaridades que le son propias, por lo que el judeoespañol también conoce variantes dialectales.

Así pues debemos diferenciar dos grandes grupos. El primero, hablado por los judíos del norte de Marruecos, es comúnmente conocido por el nombre de *haketía* y se caracteriza por una rica influencia del árabe.

---

[1] *Ladino* procede del vocablo *latino* y hace referencia al romance utilizado por los rabinos para comentar textos de la Torah y poder explicarlos mejor a una comunidad que había dejado de entender el hebreo. *Ladinar* sería, pues, el acto de traducir literalmente del hebreo al castellano. Pero este *ladino*, usado en entornos religiosos, difería de la lengua hablada por los judíos de la península, que no era otra que la propia de los territorios que habitaban.

En el segundo grupo, el judeoespañol de oriente, pueden distinguirse tres áreas fonéticas y fonológicas[2] en los territorios que pertenecieron al antiguo Imperio otomano:

1. **Área central.** Ocupa el sur de los Balcanes (este de Macedonia, Grecia, Turquía y Egipto) y corresponde al área de influencia de los tres grandes centros culturales sefardíes: Estambul, Salónica y Esmirna.
2. **Área periférica europea.** Ocupa la zona norte y oeste de los Balcanes.
3. **Área periférica extra-europea.** Abarca el actual estado de Israel, cuya variante judeoespañola aglutina elementos de las otras zonas.

## 2. Escritura del Djudeo-espanyol

El sistema de escritura que vamos a emplear en esta obra corresponde al de la emblemática publicación *Aki Yerushalayim*, que usa caracteres latinos.

Este sistema fue —y sigue siendo— muy discutido ya que echa por tierra los sistemas académicos e históricos de la escritura; sin embargo, se justifica este sacrificio académico por la posibilidad de mantener viva una lengua gracias, entre otras razones, a la facilidad de sus normas gráficas[3].

De haber sido de otra manera se habría complicado su escritura y por ende el aprendizaje de la lengua, con lo que su riesgo de desaparición hubiera sido posiblemente mayor.

- Para el sonido de la C que si suena como (s) se usa la S, y si suena como (k) se usa la K.
- Se usa I para el conjuntivo («y» en Castellano), no se usa nunca en este caso la Y.
- NO SE USA Q, W, C (excepto en en nombres propios).
- La X solo para palabras como *exodus, exilo*, etc.
- Empleamos el dígrafo NY para representar el sonido Ñ
- Usaremos Y para representar el dígrafo castellano LL.

---

[2] Quintana, Aldina citada por Aitor García Moreno (2010). El judeoespañol I. Conceptos básicos. Madrid: Liceus, Servicios de Gestión y Comunicación, pág. 18-19.

[3] No es éste un caso aislado. El I Congreso para la normalización del aragonés, celebrado en la ciudad de Huesca, adoptó en 1987 una solución similar para la escritura de la lengua aragonesa.

## 2.1. La escritura con caracteres turcos

La Segunda Guerra Mundial significó una dramática pérdida para las comunidades sefardíes europeas, particularmente las balcánicas. A su término, la mayor parte de los hablantes de judeoespañol eran judíos turcos.

En consecuencia, algunas de las publicaciones más importantes como el diario *Salom* o la gaceta *Amaneser* corresponden a medios turcos y emplean los siguientes símbolos[4]:

- Ç - "Ch" española: Munço [*muncho*]
- Ş - "Sh" inglesa: Buşkar [*bushcar*]
- Y - "I" semiconsonante o semivocal: Cidyo [*dyidío*]
- C - "J" francesa: Cidyo [*dyidío*]
- H - "H" aspirada española: Haber [*jaber*]
- NY - "Ñ" española: Kunyada [*kuñada*]

## 3. Fonética

El judeoespañol se pronuncia de forma similar al español, aunque mantiene rasgos del castellano medieval y posee algunas peculiaridades que su propia evolución lingüística le ha conferido al tomar contacto con lenguas muy diferentes entre sí.

| | | |
|---|---|---|
| A - Albert | I - Isaac | S - Salamon |
| B - Baruh | J - Jacques (*como en francés*) | SH - Shamuel (*SH inglesa*) |
| CH - Charlie | K - Caden | T - Tuvi |
| D - David | L - Leon | U - Uriel |
| DJ – Djugar (*aprox. dyugar*) | M - Miriam | V - Vitali |
| E - Ester | N - Nejama | Y - Yavuz |
| F - Franko | O - Oro | Z - Zakuto (*Z inglesa no fricativa*) |
| G - Galanti | P - Pola | |
| H - Hayim (*leve aspiración*) | R - Rosa | |

## 4. Tildes

Por lo general, en la escritura del judeoespañol no se emplean tildes. En esta obra vamos a adoptar esta solución gráfica, por lo que todas las palabras judeoespañolas que se encuentren acentuadas lo están únicamente para indicar la sílaba en la que recae el golpe de voz y facilitar su correcta pronunciación.

---

[4] Debe señalarse que este conjunto de caracteres se emplea únicamente en Turquía.

El lector debe saber, no obstante, que no hay un criterio unánime al respecto y que algunos autores someten sus escritos, tildes incluidas, a las normas gráficas del castellano. Otros, en cambio, aunque adoptan la grafía expuesta anteriormente, utilizan las tildes igual que lo hace el español.

## 5. Escritura aljamiada

En la actualidad, el judeoespañol se escribe comúnmente con el **alfabeto latino,** especialmente en Turquía. Sin embargo, algunas comunidades todavía lo escriben usando **caracteres aljamiados** (alfabeto hebreo del tipo *rashi*), práctica que era muy común y posiblemente universal hasta comienzos del siglo XX y que hoy en día vuelve a experimentar un notable aumento entre los estudiantes de esta lengua.

Los caracteres hebreos se escriben **de derecha a izquierda,** al contrario de lo que estamos acostumbrados.

## 6. Alifatos

### 6.1. Alifato Rashi

Los comentarios de Rabbi Shelomo Ishaki (Rashi), de quien toma el nombre, se imprimieron en este tipo de letra. Los documentos aljamiados sefardíes de cierta solemnidad acostumbran a estar escritos en este sistema de caracteres semicursivos por lo que es muy importante conocerlo bien[5].

Reproduciremos en todos los alifatos el texto siguiente: «*En meldando las explikasiones i los enshemplos ke prezenta Marín i Ramos se revelara, muy presto, ke malgrado las asemejansas entre las dos linguas, ay diferensias sinyifikantes, en todos los aspektos linguistikos, ke las bien distingen*».

---

[5] Alifato Rashi: El amaneser (*www.istanbulsephardiccenter.com/?sayfa=el*) y Yehuda Hatsvi.

אין מילדאנדו לאם איקספליקאסייוניס אי לוס אינסימפלוס קי פריזינטה מארין אי ראמוס סי ריב׳יללרה, מוי פריסטו, קי מאלגראדו לאם אסימיז׳אנסאס אינטרי לאם דוס לינגואס, איי דיפ׳יריניסייאם סינייפיקאנטיס, אין טודוס לוס אספיקטוס לינגוויסטיקוס, קי לאם בין דיסטינגין.

## 6.2. Alifato Meruba

Es la grafía surgida durante el exilio del pueblo de Israel en Babilonia para la presentación de los textos sagrados. Utiliza la grafía aramea y es el alifato de la Torah.

אין מילדאנדו לאס איקספליקאסייוניס אי לוס אינסימפלוס קי פריזינטה מארין אי ראמוס סי ריב׳יללרה, מוי פריסטו, קי מאלגראדו לאס אסימיז׳אנסאס אינטרי לאס דוס לינגואס, איי דיפ׳ירינסייאס סינייפיקאנטיס, אין טודוס לוס אספיקטוס לינגוויסטיקוס, קי לאס בין דיסטינגין.

## 6.3. Alifato Solitreo

En contraposición con la cursiva askenazí, basada en el alifato meruba, el solitreo es el sistema empleado tradicionalmente para la escritura manual del judeoespañol.

## 7. TABLA DE EQUIVALENCIAS DE CARACTERES HEBREOS

- *Alef* corresponde con nuestra ***a*** minúscula
- *Hey* representa a la ***a final*** y ***h muda.*** Se acompaña de *alef* tras vocal.
- *Vav* se acompaña de *alef* tras vocal. A veces se representa como |.
- *Yud* se acompaña de *alef* tras vocal. Detrás de consonante se representa por un punto. Nuestra ***y*** se representa por **doble yud** y después de vocal se acompaña por *lamed*.
- *Ayin* equivale en ocasiones a nuestra ***a mayúscula.***
- *Shin* representa a una ***s mayúscula*** no intervocálica.
- *Tav* correspondería a una ***t mayúscula.***

| Nombre | Meruba | Cursiva Ashkenazi | Rashi | Solitreo | Equivalencia | Griego | Fonética |
|---|---|---|---|---|---|---|---|
| alef | א | ĸ | ɦ | ∫ | A | A | a |
| bet | ב | ɑ | ʒ | ♩ | B | MΠ | b |
| bet with rafe (vet) | ב | ɑ | ʒ | ♩̇ | V | B | v |
| gimel | ג | ċ | ʒ | ⌣ | G | ΓK/Γ | g |
| gimel with rafe | ג | ċ | ʒ̇ | ⌣̇ | CH / DJ | TZ/TΣ | č / ǰ |
| dalet | ד | ʒ | 7 | ɤ | D / TH | NT/Δ | d / δ |
| hey | ה | ה | כ | ∧ | Silent, A as last letter | άφωνο | A as last letter |
| vav | ו | I | ו | ı | O / U | O/OY | o / u |
| zayin | ז | ɔ | ſ | ∫ | Z | Z | z |
| zayin with rafe | ז | ɔ | 'ſ | '∫ | J | TZ | ž |
| het | ח | ח | ʼD | ∩ | H | X | h |
| tet | ט | 6 | ʋ | ɤ | T | T | t |
| yud | י | ı | י | · | I / E | I / E | i / e |
| kaf/haf, sofit* | ב,ך | ɔ,ρ | כ,ך | ɔ,ʔ | K / H | K/X | k / h |
| lamed | ל | ʃ | ל | ℓ | L | Λ | l |
| mem, sofit* | מ,ם | N,ρ | מ,ם | ν,o | M | M | m |
| nun, sofit* | נ,ן | J,l | נ,ן | ),∫ | N | N | n |
| sameh | ס | o | ס | ∅ | S | Σ | s |
| ayin | ע | ɤ | ʋ | ʋ | Silent, words of Hebrew origin | άφωνο | silent |
| pey, sofit* | פ,ף | ə,ʔ | פ,ף | ɔ | P | Π | p |
| pey with rafe (fey) | פ,ף | ə,ʔ | פ,ף | ɔ̇,／ | F | Φ | f |
| sadik, sofit* | צ,ץ | 3,ʔ | צ,ץ | ɑ | S | Σ | s |
| kof | ק | ק | ק | ɟ | K | K | k |
| resh | ר | ר | ר | 9 | R | P | r |
| shin | ש | ℯ | ש | υ | SH | Σ | š |
| tav | ת | ת | ת | ⌐ | T | T | t |

\* Sofit: forma de la letra a final de palabra &copy; 2006 Brian Berman brian@solitreo.com

# Capítulo 2
# El artículo

## 1. Función gramatical

El artículo en judeoespañol se emplea de forma prácticamente similar al castellano, aunque con algunas particularidades.

Como bien sabemos, el artículo se antepone al sustantivo para anunciar su género, su número y su función gramatical. Con frecuencia el artículo determina también la extensión del sustantivo.

Obsérvese la diferencia de matiz en las siguientes oraciones: *el vido kazas, el vido unas kazas, el vido las kazas*. El artículo o su ausencia precisa en cada caso qué casas está viendo el sujeto.

El primer ejemplo se refiere a unas casas totalmente desconocidas y de las que el emisor no puede precisar el número; en el segundo se refiere a otras casas también desconocidas, pero no tan numerosas como en la frase anterior y finalmente, el tercer ejemplo se refiere a unas casas totalmente conocidas por el emisor y el receptor del mensaje y perfectamente identificables y contables por ambos.

## 2. El artículo determinado

Las formas del artículo son las mismas que para el castellano: **el, la, lo,** para el masculino, femenino y neutro del singular, respectivamente; **los, las,** para el plural masculino y femenino.

### 2.1. *El artículo ante palabras femeninas que empiezan por a*

En castellano, delante de nombres femeninos que empiezan por *a* o *ha* (tónica, pero sin tilde) o bien *á*, usamos la forma *el*; por ejemplo: *el agua*.

A diferencia del castellano, **el judeoespañol sólo presenta la forma *la* para el femenino singular,** independientemente de que el sustantivo al que acompaña comience por /á/ tónica como puede verse en *la ambre* o *la agua*.

## 2.2. Otros usos del artículo determinado

Los nombres de países que terminan en /-a/ suelen considerarse femeninos —aunque no de forma general— y en ese caso se hacen acompañar del artículo *la*, por ejemplo: *la Gresia, la Turkia, La Espanya...*

## 3. EL ARTÍCULO INDETERMINADO

Adopta las formas: ***un, una, unos, unas*** y recibe esta denominación porque delimita el concepto del sustantivo mucho menos que el artículo determinado.

Obsérvese la diferencia entre *merki una kaza* y *merki la kaza*. En el primer caso yo puedo haber comprado una casa cualquiera, mientras que en el segundo es una casa que tanto yo como mi interlocutor conocemos previamente.

## 4. CONTRACCIÓN DEL ARTÍCULO

Cuando el artículo determinado el acompaña a las preposiciones *a* y *de* adopta las formas ***al, del* y *dela***. El resto de formas del artículo no se contraen.

En ocasiones podemos toparnos con las formas *dun* y *duna*, pero con seguridad corresponderán a textos medievales o próximos a esta época que han adoptado estas formas por influencia del castellano antiguo.

# Capítulo 2
# El sustantivo

## 1. Descripción

El substantivo es el nombre que damos a las personas, cosas u objetos. La gramática de la Real Academia Española lo define como «toda aquella palabra capaz de realizar en la oración las funciones de sujeto explícito u objeto directo sin necesidad de otro elemento». Esta misma definición es aplicable al caso del judeoespañol.

Se llama **comunes** a aquellos que indican la clase de objeto a que pertenece lo designado: *kaza, ombre*. Se llama **propios** a los que identifican a un ser, un individuo, bien entre los de su clase, bien por constituir el único individuo de una clase: *Selanik, Moshe*.

## 2. Funciones del sustantivo en la oración

### 2.1. Sujeto

Sólo pueden funcionar como sujeto los sustantivos o palabras sustantivadas. Cuando el sujeto está formado por varias palabras existe un sustantivo que es el núcleo del sujeto, como *pe(r)ro*[1] en el ejemplo: *el pe(r)ro de mi nona es viejo*.

### 2.2. Complemento directo

El complemento directo (CD) es la persona, animal u objeto sobre quien recae la acción de un verbo transitivo: *yo komo pan*. Cuando se refiere a personas o seres animados se acompaña de la preposición *a*: *Eya saluda a su ermano*.

---

[1] La mayoría de variantes pronuncian y escriben sólo una /r/.

## 2.3. Complemento indirecto

El complemento indirecto (CI) es la persona, animal u objeto que recibe el daño o beneficio de la acción. Se sirve de la preposición a o para y normalmente va detrás del CD: *Matan suheta «Shalom» a Ferran. Merki esto para ti.*

## 2.4. Predicativo

El sustantivo, al funcionar como predicativo, toma un valor adjetivo: *Elijeron prezidente a Brian.* La función «complemento predicativo» es parecida a la del atributo, del que se diferencia por darse con verbos no copulativos.

## 2.5. Atributo

Es el es sustantivo que forma parte del predicado de una oración con verbo copulativo (*ser, estar* o *pareser*). Se refiere al mismo tiempo al sujeto, con el que concuerda en género y número: *Dezde kuando sos profesora?*

## 3. EL GÉNERO

Por regla general **son masculinas** las palabras terminadas en /-o/ (*elevo*) y en **consonante** (*mazal*) y **femeninas** las palabras terminadas en /-a/ (*eleva*).

Así, pues, se deduce que, como norma general, el femenino de un sustantivo se forma sustituyendo la terminación /-o/ del sustantivo por la terminación /-a/.

En ocasiones el femenino se construye no directamente con un cambio de vocal, sino **incrementando o modificando fonéticamente** la terminación masculina: *rey, reina*.

Sin embargo, existen nombres que tienen un **género común**, es decir, la misma palabra puede servir para referirse a personas de sexo masculino o femenino: *estudiante*. En este último caso, para definir si se refiere a un hombre o a una mujer se empleará el artículo correspondiente: *el estudiante, la estudiante*.

También el artículo será determinante para conocer el género de los **sustantivos que no terminan ni en /-o/ ni en /-a/:** *la razón, el kal, el direktor...*

El género puede determinarse también con **palabras distintas** como ocurre con: *el aktor, la aktrisa; el poyo, la geyna; el toro, la vaka.*

El sexo no determina necesariamente el género del sustantivo, así pues palabras como *la moshka* se refieren tanto al macho como a la hembra y lo mismo puede decirse de *el pasharo*. Son los llamados sustantivos de **género epiceno.**

En otros casos, la diferencia de género comporta además una **diferencia de significado** o de matiz, por ejemplo: *el djarro* indica un recipiente de mayor capacidad que *la djarra,* mientras que con *el mansano* se hace referencia al árbol y con *la mansana* a su fruto.

Al referirnos a **toda una especie en su conjunto** se empleará el masculino: *el ombre* (el ser humano), *los ijos* (los hijos y las hijas)...

Existen **diferencias** entre el judeoespañol y el castellano **en cuanto al género** de algunas palabras como en *el ayudo,* por lo que resulta necesario aprenderlas con su artículo.

Los sustantivos abstractos **terminados en /-or/ son femeninos,** tal y como sucedía en época medieval: *la color, la dolor...*

Por último, existen palabras procedentes de **otras lenguas** (hebreo, árabe y turco principalmente) que deben aprenderse con su artículo correspondiente: *el alhad, la halaja, el Shabbat...*

## 4. EL NÚMERO DEL SUSTANTIVO

El número del sustantivo puede ser **singular** o **plural,** según se designe un objeto o varios. Existen los objetos llamados **contables o discretos,** como *livros o dientes,* que se muestran como múltiplos de unidades y los llamados **compactos o masivos** como *la miel, la agua* o *la leche,* en los cuales no puede percibirse la suma de unidades.

En castellano, por regla general, **se construye el número de los sustantivos añadiendo la terminación /-s/ o /-es/ según termine el singular en vocal o consonante.** El djudezmo, a grandes rasgos, también construye el número de la misma forma.

Pero no todos los sustantivos tienen plural: los nombres propios (*Djoha*) y los de objetos u hechos únicos (*la Shoa*) sólo pueden tenerlo en casos muy contados; los nombres abstractos como *fey, feuzia, konfiensa...* carecen de número.

Según algunos autores[2], **el plural de sustantivos terminados en diptongo** como *ley* o *rey* es *leis* y *reis* respectivamente, tomando directamente el morfema /-s/ en la construcción del plural. Sin embargo, esta solución diferente del castellano no parece ser la habitual.

Al contrario que en español en el que existen algunas palabras en plural que hacen referencia a una unidad: *tijeras,* el judeoespañol prefiere su forma singular: *tijera.*

Debemos también prestar atención a aquellas palabras provenientes del hebreo, que han pasado al judeoespañol con su forma singular y plural: *goy, goyim.*

En alguna rara ocasión, por analogía, la forma hebrea del plural se aplica también a otras palabras de origen castellano dando lugar a vacila-

---

[2] Aitor García Moreno, 2010: 10.

ciones entre ambas formas, como en *ladron* que además de la forma regular *ladrones* también posee la forma hebraizante *ladronim* para el plural.

## 5. Aumentativos y Diminutivos

Es frecuente el uso de */-on/* y */-ona/* para construir el **aumentativo** de algunos substantivos: *paparronas* (aumentativo de *papas*, patatas).

La terminación */-iko/* e */-ika/* para construir el **diminutivo** es típica en el judeoespañol de Oriente, mientras que se prefiere el uso de */-ito/* y */-eto/* en el norte de África.

Determinadas palabras requieren el uso de las terminaciones */-eziko/* y */-ezika/* como en *manezika*.

# Capítulo 4
# El adjetivo

## 1. Definición

El adjetivo es aquella parte de la oración adyacente al sustantivo y que lo califica, es decir, que expresa una cualidad de éste. Pero también puede realizar de forma aislada la función de atributo en oraciones construidas con un verbo copulativo: *Esto hazino, eya es buena, parese basho.*

Igual que el sustantivo, admite variaciones de género y número, pero a diferencia de aquél, éstas variaciones no suponen un cambio de matiz o de significado, es decir, la cualidad expresada sigue siendo la misma.

Veamos un ejemplo: cuando decimos *ombres* podemos estar refiriéndonos a un grupo de personas del sexo masculino o a la especie humana en su conjunto, mientras que si decimos *kansados* la propiedad a la que se refiere, *la kanseria*, sigue siendo exactamente la misma que si decimos *kansada* o *kansadas*, el significado del adjetivo no varía.

Por este motivo el adjetivo debe concordar necesariamente en género y número con el sustantivo al que modifica.

A diferencia del castellano, los adjetivos terminados en /-al/ pueden formar el femenino añadiendo la terminación /-a/: *nasional, nasionala.*

## 2. Posición del adjetivo

El adjetivo puede anteponerse o posponerse al sustantivo al que califica, pero entonces el significado de aquél no es exactamente el mismo.

Cuando precede al sustantivo (**epíteto**) el adjetivo toma un valor explicativo o descriptivo, mientras que en situación pospuesta el adjetivo toma un valor especificativo que delimita lo referido por el sustantivo.

Veamos un ejemplo: *la blanka inyeve*, en esta oración el adjetivo *blanka* está describiendo una cualidad de la *inyeve*, su blancura, sin otra pretensión salvo quizás la de embellecer el lenguaje; pero en la oración *el oto muevo*, el adjetivo *muevo* está delimitando el significado de *oto*, está diciendo que de todos los coches que hay a la vista, el emisor se refiere a uno en concreto: el nuevo.

## 3. Tipos de adjetivos

Así pues, puede afirmarse que gramaticalmente existen dos tipos de adjetivos en función de la posición que ocupan frente a otros adjetivos y con respecto al sustantivo:

1. Los que pueden adoptar cualquier posición con respecto al sustantivo y a otros adyacentes, son los llamados **calificativos:** *el grande sielo blu, el grande (i) blu sielo...*
2. Los que en presencia de otro adjetivo requieren estar antepuestos a éste, son los **determinativos** (demostrativos, posesivos, nume-rales, indefinidos y relativos): *munchas muevas ide(y)as, munchas ide(y)as muevas...*

## 4. Apócopes

Algunos adjetivos presentan una forma reducida cuando se anteponen al sustantivo frente a una forma plena pospuesta:

- *Buen | Bueno: un buen di(y)a ke tengash | aze un di(y)a bueno*
- *Mal | Malo: es un mal momento | este kave esta malo*
- *Primer | Primero: mora en el primer etaj | su apartamento es el primero*
- *Terser | Tersero*

A diferencia del castellano, **grande no apocopa en gran,** se dice y escribe siempre en su forma plena: *una grande kantidad de agua, un grande etaj.*

## 5. Sustantivación del adjetivo

En ocasiones el adjetivo puede realizar en la oración las mismas funciones que un sustantivo, para ello se combinará con el artículo. Se dice entonces que el adjetivo *se ha sustantivado.*

En la sustantivación se elide el sustantivo conocido por los interlocutores al sobreentenderse por el contexto: *mi oto es **el** (oto) preto.*

Sin embargo, cuando se emplea el artículo neutro **lo,** no es posible restaurar el sustantivo elidido porque no hace alusión a algo conocido, sino a un conjunto de objetos o a una cualidad abstracta. Así en *lo mijor es salir*, ese *lo* no se refiere a algo concreto y delimitado, conocido previamente, sino a algo similar a: *la mijor opsion (de entre todas las posivles).*

## 6. Grados del adjetivo

El adjetivo informa de una cualidad del sustantivo y lo puede hacer con mayor o menor intensidad, a la que se llama **grado**.

### 6.1. Grado positivo
Indica simplemente la cualidad del sustantivo sin especificar la intensidad. Se utiliza el adjetivo tal cual: *una kaza vieja*.

### 6.2. Grado comparativo
Expresa la cualidad del sustantivo en comparación con otro sustantivo: *una kaza mas vieja*. Dentro de este grado distinguimos:

a) Grado comparativo de superioridad: [*mas* + *adjektivo* + *ke*]
   *El arvole (el) mas alto; la kaza (la) mas vieja*. Algunos adjetivos forman el comparativo de superioridad de un modo especial:

   •*mas bueno* | *mas mijor*
   •*mas malo (o mas negro)* | *mas peor*
   •*mas grande* | *mas mayor*
   •*mas chiko* | *mas menor*

   Es muy frecuente que estos comparativos se acompañen de *mas*, obteniendo construcciones redundantes del tipo *mas mijor*. El uso de *peor* y *menor* es poco habitual.

b) Grado comparativo de igualdad: [*tanto* + *adjektivo* + *komo*]
   *Una kultura tanto rika komo la djudeo-espanyola*.

c) Grado comparativo de inferioridad: [*menos/manko* + *adjektivo* + *ke/de*]
   *Mos estash arondjando de esta tierra ke amamos no manko ke vozotros*.

### 6.3. Grado superlativo
Expresa la cualidad del sustantivo en el grado más alto. Se puede formar de dos maneras:

1. [*muy/muncho/bien* + *adjektivo*]
   *Esto es una akuzasion muy/muncho/bien grande*.
2. Adjetivo con la terminación [*-isimo/a*]
   El empleo del superlativo en *-isimo* (*grandisimo*) es mucho menos frecuente que el de construcciones como *muncho grande*.

# Capítulo 5
# El pronombre

## 1. Pronombres personales tónicos

Tradicionalmente se define pronombre como la parte de la oración que sustituye al nombre y que, por lo tanto, puede realizar las mismas funciones que éste.

La denominación *personales* se refiere a la noción de persona gramatical, es decir, aquellas personas que pueden intervenir en el habla, que al menos deben ser tres: la que habla (1ª persona), aquella a quien se habla (2ª persona) y aquella de quien se habla (3ª persona), así como sus respectivos plurales.

| Persona | Singular | Plural |
|---|---|---|
| 1ª | *Yo* | *Mozotros/Mozós* |
| 2ª | *Tu* | *Vozotros/Vozós* |
| 3ª | *El, Eya* | *Eyos, Eyas* |

La tabla superior presenta la relación de pronombres tónicos cuya función en la oración es la de **sujeto explícito**. Sólo las dos primeras son formas ciertamente personales, la tercera no designa necesariamente a personas.

En ocasiones **el pronombre tónico puede elidirse,** pues los morfemas gramaticales de persona del verbo hacen innecesario su uso; con todo, **es más utilizado que en castellano.**

## 1.1. Pronombres tónicos con preposición

Precisan de una preposición y se colocan detrás de ella: *a mi, para mi, de mi...* Es muy habitual el uso con la preposición *kon: Kon mi, kon ti, kon mozotros, kon vozotros.*

| Persona | Singular | Plural |
|---|---|---|
| 1ª | Mi | Mozotros/Mozos |
| 2ª | Ti | Vozotros/Vozos |
| 3ª | Si \| El/Eya | Si \| Eyos/Eyas |

El pronombre *si* es invariable y se refuerza con la partícula *mizmo: kon si mizmo/a/os/as.* Se usa cuando el objeto de tercera persona al que se refiere coincide con el sujeto: *el avlo para si mizmo.* En caso contrario se emplea el pronombre correspondiente: *lo avlo kon eyos.*

## 1.2. Fórmulas de cortesía

En general, la lengua hablada emplea la forma *tu* cuando corresponde un trato familiar y raramente *vos* con carácter más o menos cortés, pero no excesivamente formal, para dirigirse con respeto a un desconocido o a cualquier otra persona.

En su lugar se suele utilizar *el/eya* para el tratamiento de respeto. Su empleo es habitual en oriente, también para dirigirse a los Rabinos.

Resulta llamativa la conservación de la antigua fórmula *vuesa/su mersed,* hoy prácticamente en desuso, utilizada sobre todo para dirigirse a los Rabinos.

Aunque muy raramente, también es posible encontrar la forma *usted* en textos modernos debido a la creciente influencia del español, pero su uso no es recomendable.

Sin embargo, no existe una postura unánime en cuanto al tratamiento de cortesía, a tenor de lo que describe el Prof. David Bunis[1]:

1. Hablando a una persona mayor o a extranjeros se usa la tercera persona: *(el) es kazamentero, sinyor?; (eyas) kontan konsejas, sinyoras?*

2. A rabinos *(hahamim)* y en la literatura religiosa se usa, a veces, la forma: *su(s) mersed(es): su mersed avla en djudezmo.*

---

[1] David Bunis (1999). Judezmo: An Introduction to the Language of the Ottoman Sephardim. Jerusalén: Magnes Press.

3. La segunda persona plural se usa cuando se quiere usar un registro aún más formal, casi reverencial: *(vozotros/vozos) merkash munchos livros, sinyor haham*.

En consecuencia, según defiende este autor, la segunda persona del plural sería la más formal de todas.

## 2. PRONOMBRES ÁTONOS

Se refieren siempre a palabras citadas previamente o a palabras que se mencionarán con posterioridad. A diferencia de los pronombres tónicos nunca aparecen aislados, sino formando un todo con el verbo, aunque puedan escribirse bien separadamente (*el no me dava a djugar*) bien conjuntamente (*dame la mano*).

Pueden realizar las funciones de **Complemento Directo** (CD) o de **Complemento Indirecto** (CI) o incluso ambas a la vez y al combinarse con el verbo le indican que tiene un complemento de primera, segunda o tercera persona.

| Persona | Complemento directo | | Complemento indirecto | |
|---|---|---|---|---|
| | Singular | Plural | Singular | Plural |
| 1ª | *Me* | *Mos* | *Me* | *Mos* |
| 2ª | *Te* | *Vos* | *Te* | *Vos* |
| 3ª | *Lo \| La \| Se* | *Los \| Las \| Se(n)* | *Le \| Se* | *Les \| Se(n)* |

**Ejemplos de su uso como CD**
*Espero ke alguno de vozotros puede ayudarmos \| mos puede ayudar.*

**Ejemplos de su uso como CI**
*Mos disho bonjur*

**Ejemplos de su uso como CD + CI**
*Yo te lo digo; se lo trushi a mi madre*

## 3. Usos del pronombre se

### 3.1. Se sustituto de le/les

Se utiliza el pronombre personal *se* para sustituir a *le, les* (complemento indirecto) cuando le sigue inmediatamente un pronombre *lo, la, los, las* en función de complemento directo. En cambio aparece *le, les* si el complemento directo es un sintagma nominal o una proposición sustantiva: *Se lo di | Le di el livro*.

### 3.2. Se reflexivo

Se utiliza cuando su referente coincide con el sujeto, es decir, cuando el sujeto es al mismo tiempo quien hace y recibe la acción.

Es **complemento directo** si no hay otro sintagma nominal que cumpla esa función y **complemento indirecto** cuando hay un sintagma nominal con la función de complemento directo: *La chika se lava* (*se* es CD) | *La chika se lava la kara* (*se* es CI porque *kara* es CD).

En otras ocasiones, el reflexivo tiene un **valor factitivo** (de mandato u orden), no es el que hace la acción, sino quien la ordena hacer: *se fraguaron una kaza en el kazal*.

**Cuando se presenta en su forma enclítica, pospuesto al verbo reflexivo, el pronombre adopta la forma *se* para el singular y *sen* para el plural:** *para eya lavarse, para eyas lavarsen*.

### 3.3. Se dativo o intensificador del verbo

A veces, el pronombre reflexivo sirve únicamente para intensificar el significado del verbo: *Komio tres platos | Se komio tres platos (Transitiva)*.

### 3.4. Se recíproco

Se utiliza de la misma manera que el reflexivo, pero cuando el sujeto es múltiple o plural y se entiende que cada individuo del sujeto realiza la acción del verbo hacia el otro o los otros: *Yosi i Rebeka se eskriven letras* (*se* es CI) | *Yosi i Moshe se pelean* (*se* es CD).

### 3.5. Se impersonal

En las oraciones impersonales *se* es un elemento que indica el carácter impersonal de la oración, sin ninguna otra función: *en este restorante se kome muy bien*.

### 3.6. Se pasivo reflejo.

En las oraciones pasivas reflejas el pronombre *se* funciona como incremento verbal que indica el significado pasivo del verbo, aunque este va en voz activa: *se venden apartamentos* (nótese que *apartamentos* es sujeto).

## 4. Posición de los pronombres átonos

El uso **proclítico** de las formas átonas (antepuestas al verbo) se emplea cuando la forma verbal está en **indicativo** o en **subjuntivo** sin valor de imperativo: *agora vos dare mi opinion*.

La forma **enclítica** (pospuesta al verbo) se emplea generalmente cuando el verbo está en **infinitivo, gerundio o imperativo:** *Eskrivi un mesaje direktamente a su adreso dandole notisias del Kal.*

Con respecto a este último ejemplo, cuando el gerundio se acompaña de un pronombre enclítico puede pronunciarse de dos maneras: igual que en español (*dándole*) o haciendo caer el golpe de voz en la última sílaba (*dandolé*).

Cuando **el infinitivo va acompañado de una preposición** el pronombre puede aparecer **antepuesto** al infinitivo, compárese la posición de los pronombres en la siguiente oración: *devo dezirte ke tresali muncho de* **los** *oir kantar.*

Es de suponer que en la actualidad se use esta estructura por influjo de otras lenguas como el francés o el portugués, que mantienen estructuras similares y que han tenido mucho peso en la configuración del judeoespañol; sin embargo, esta misma forma también existía en el castellano antiguo: *pora lo fazer*, por lo que su empleo resulta ciertamente recomendable.

Si el **infinitivo o gerundio va subordinado** a otro verbo (en el caso de verbos modales o perífrasis verbales) el pronombre átono puede ir en posición enclítica o proclítica: *Devo dezirte ke tresali muncho de los oir kantar* | *Te tengo ke/de azer una demanda importante.*

**Cuando se combinan dos pronombres átonos,** uno de cualquier persona con otro de tercera persona, bien en posición proclítica bien enclítica, **primero se escribe** el pronombre que realiza la función de **complemento indirecto** y luego el que hace la función de complemento directo: *kometelo, me lo dio…* Como ya se ha visto, los pronombres *le, les* adoptan la forma *se: se lo di.*

# Capítulo 6
# Pronombres-Adjetivos

## 1. Demostrativos

Los demostrativos señalan la cercanía o lejanía del hablante con respecto a lo que se habla. Por eso hablamos de demostrativos de 1er término (cercanía) y de 3er término (lejanía).

| Masculino | | Femenino | | Neutro |
|---|---|---|---|---|
| Singular | Plural | Singular | Plural | |
| *Este* | *Estos* | *Esta* | *Estas* | *Esto* |
| *Akel* | *Akeyos* | *Akeya* | *Akeyas* | *Akeyo* |

A diferencia del castellano, el judeoespañol carece de demostrativo de 2º término (*ese, esa, eso*), en su lugar se usan los demostrativos de primer término (*este, esta*...).

El demostrativo se antepone generalmente al sustantivo, pero puede también colocarse detrás de este, pero entonces el sustantivo deberá acompañarse de un artículo: *Este mansevo, el mansevo este.*

## 2. Posesivos

Igual como ocurría con los pronombres personales, los posesivos tienen formas átonas y tónicas. **Las formas átonas** desempeñan la función de adyacente del sustantivo, por lo que siempre lo acompañarán antepuestos a éste: *mi oto.*

En cuanto a la cuestión de **si deben ir o no precedidos por el artículo**, la tendencia actual recomienda que no, si bien en textos antiguos se conserva por influjo del castellano medieval: *Por la tu puerta yo pasi* y de otras lenguas como el aragonés (*a tuya*) o el catalán (*la teva*).

Las formas tónicas, por el contrario, son autónomas y realizan tanto la función de adyacente: *el oto miyo,* como la de atributo de un núcleo verbal: *este oto es mi(y)o.*

| Formas Átonas | | Formas Tónicas | |
|---|---|---|---|
| Singular | Plural | Singular | Plural |
| *Mi* | *Muestro* | *Mi(y)o, Mi(y)a* | *Muestro, -a, -os, -as* |
| *Tu* | *Vuestro* | *Tuyo, Tuya* | *Vuestro, -a, -os, -as* |
| *Su* | *Sus* | *Suyo, Suya* | *Suyos, Suyas* |

A diferencia de las formas átonas, las formas tónicas pueden ir precedidas del artículo, lo que confiere un carácter enfático a la posesión: *la kaza miya.* Nótese que resulta prácticamente equivalente a *mi kaza,* pero en el ejemplo anterior lo que se quiere recalcar es de quién es *la kaza* más que *la kaza* en sí.

**El posesivo *su* recibe también el plural *sus* para marcar la existencia de varios poseedores, aun con una sola cosa poseída:** *los soldados austriacos tornaran este mes en sus pais.* Como *pais* (cosa poseída en singular) es poseído por *los soldados austriacos* (poseedores en plural) el posesivo que lo acompaña es *sus* y no *su.*

Ello se debe a la influencia de lenguas como el catalán, aragonés, francés o el italiano, en las que las formas: *llur, llurs; lur, lurs; leur, leurs* y *lur, loro;* respectivamente, concuerdan en número, sin embargo, con la cosa poseída y no con el poseedor.

Para evitar ambigüedades el castellano ha optado por el uso del sintagma [*posesivo o artículo + preposición de + pronombre personal de 3ª persona*]. Así *su libro,* puede indicar que el libro es de una persona o de varias, masculinas o femeninas, pero el significado queda precisado cuando decimos, por ejemplo: *su (o el) libro de ella, su (el) libro de ellos.* Esta solución también la emplea el judeoespañol para diferenciar al poseedor masculino o femenino de su, así: *su livro = el livro de el | el livro de eya.*

### 3. Relativos e interrogativos

Bajo esta denominación se agrupan diferentes categorías gramaticales: pronombres, adjetivos y adverbios.

Todos los relativos son dependientes y son siempre átonos (salvo *el kual* y sus derivados). El contenido del relativo siempre hace referencia a algo o alguien nombrado anteriormente, **el antecedente,** que puede estar explicitado en la oración u omitido si ya se conoce de antemano o se intuye. Dentro de la oración pueden desempeñar funciones propias de los sustantivos, de los adjetivos y de los adverbios.

### 3.1. Ken (quién)

Funciona sólo como sustantivo, tenga o no antecedente. No admite variación en su número como originalmente el castellano medieval. Si lleva antecedente éste se trata de una persona o cosa personificada: *El ombre de ken te avli.*

Dentro de la oración puede realizar las funciones de Sujeto, Complemento Directo e Indirecto, Complemento Preposicional y Circunstancial.

### 3.2. Ke (qué)

Puede realizar las tres funciones descritas: sustantivo, adjetivo y adverbio. Normalmente lleva un **sustantivo como antecedente** y entonces realiza las funciones propias del sustantivo.

Cuando el sustantivo hace referencia al tiempo, *ke* se hace acompañar de preposición aunque frecuentemente se omite: *el diya (en) ke vendras.*

**El antecedente puede ser un adjetivo** y entonces el relativo funciona como atributo, pero es un uso enfático que realza el valor del adjetivo: *Mira lo chiko ke es akel ombre.*

Finalmente, puede tener un **antecedente adverbial** y en ese caso el relativo realiza la función de complemento circunstancial: *me disheron lo bien ke lavorava.*

### 3.3. Kual, kualo, el kual, la kuala, los kualos, las kualas

En general, funciona como un sustantivo y admite variación de número y de género gracias a la incorporación del artículo, que a su vez puede estar acompañado o no de preposición.

*Kual* (y sus variantes) puede usarse con o sin artículo: *izi una chika anketa para ver kual era el estado del ladino; En un lugar de la Mancha del kual no kero akodrarme; Esta fue la lengua en la kuala ekspresaron sus amores.*

En ocasiones el kual puede sustituirse por un demostrativo, por lo que este relativo suele escribirse aparte del enunciado en el que aparece el antedente: *Estudiyi el ladino, el kual (este ladino) se yama tambien spanyolit.*

*Kualo* (y sus variantes) equivale en ocasiones a nuestro **cuyo**, entonces funciona como adjetivo y concuerda con su adyacente: *Ladino o "Djidio" es una lingua djudeo-romanse, kualo leksiko es derivado prisipalmente del Viejo Kastiyano i del Ebreo.* Como el antecedente es *Ladino o "Djidio"* (masculino singular) el relativo es *kualo* (masculino singular).

Como **interrogativo** puede usarse *kualo* en lugar de *ke* cuando se espera como respuesta un sustantivo: *Kualo se kome en Shavuot?*

### 3.4. Onde/Ande, Kuando, Komo

Son adverbios y cumplen la función de Complemento Circunstancial. Se refieren a las circunstancias de lugar, tiempo y modo, respectivamente. En ocasiones pueden ser substituidos por otro relativo acompañado de la preposición adecuada (*al kual, del kual, en ke...*): *Yo so nasida en Turkia ande (en ke) ladino era muestra lingua de kaza*.

### 3.5. Kuanto, kuanta, kuantos, kuantas

Su forma varía en género y número para concordar con su antecedente. En ocasiones puede adoptar la única forma *kuanto* para realizar funciones adverbiales y sustantivarse sin necesidad de artículo. En tal caso puede ir acompañado de los adverbios *todo*: *todo kuanto demandesh al Av en mi nombre, os lo dara* y por el adverbio *tanto*.

Cuando se usa *kuanto* como adverbio cuantificador, como en el primer ejemplo, puede ser sustituido por *todo* con otro relativo: *todo lo ke demandesh al Av en mi nombre, os lo dara*.

## 4. INDEFINIDOS

### 4.1. Indefinidos sustantivos[1]

- *Alguno* (alguien): *Alguno vino?*
- *Dinguno* (nadie, tb. *ninguno*): *Dinguno da lo ke no tiene.*
- *Alguna koza/Algo*: *Algo akontesio?*
- *Nada*: *No digas nada.*

Los indefinidos sustantivos carecen de variación de género y nunca se combinan con el artículo. Carecen también de variación de número, por lo que se refieren tanto al singular como al plural. Los dos primeros (*alguno, dinguno*) se refieren a la noción de persona, los dos últimos (*algo, nada*) a la de cosa. Pueden ir acompañados de adjetivo: *no ay nada muevo*.

El sentido negativo de *dinguno* y de *nada* permiten suprimir el adverbio *no* cuando aquéllos van delante del verbo: *Nada disho (no disho nada)*. Pero también **pueden acompañarse de la partícula negativa** sin importar el lugar del verbo (doble negación): *Dinguno no vino*.

---

[1] Con respecto a su denominación como sustantivos, la gramática de la RAE es reacia a usar el término pronombre, pues cuando operan de forma autónoma en realidad no sustituyen al nombre, sino que se comportan como una clase o subclase especial de sustantivos. Cuando acompañan a otro término de la oración pueden comportarse como adjetivos o adverbios, según el caso. Esta explicación es extensible a los pronombres personales.

Finalmente, *algo* y *nada* pueden comportarse como sustantivos, adjetivos o como adverbios,: *Dame algo (alguna koza) para el kalor, Esto no es nada (es poco) emportante, Tengo algo de (un poko de) friyo.*

## 4.2. Indefinidos adjetivos

- *Algun, alguna, algunos, algunas: Si viene **algun** prove, dale a komer.*
- *Kualkier/Kualker/Kualseker* (cualquier, cualquiera): *Se puede meldar en **kualkier** libro.*
- *Muncho, muncha, munchos, munchas* (tb. *mucho…*): *Ay **munchos** tekstos en Ladino aya.*
- *Todo, toda, todos, todas: Veni(y)a **todos** los di(y)as.*
- *Otro, otra, otros, otras: Tienes mazal ke esto okupado en **otras** kozas.*
- *Dingun, dinguna, dingunos, dingunas* (tb. *ningún…*): *No se azera **dinguna** diferensia bazada en la kondision politika.*
- *Mizmo, mizma, mizmos, mizmas: El **mizmo** kantó kantes i romansas.*
- *Bastante: avi(y)a un grupo **bastante** grande ke asistio a este kurso.*
- *Kada: Veni(y)a a vijitarmos **kada** tadre a tomar el kave kon la mama.*

## 5. NUMERALES

### 5.1. Numerales cardinales

| | | |
|---|---|---|
| 0. *Nula, Zero* | 10. *Diez* | 20. *Vente* |
| 1. *Uno* | 11. *Onze* | 21. *Ventiuno* |
| 2. *Dos* | 12. *Dodje* | 22. *Ventidos* |
| 3. *Tres* | 13. *Tredje* | 30. *Treinta* |
| 4. *Kuatro* | 14. *Katorze* | 40. *Kuarenta* |
| 5. *Sinko* | 15. *Kinze* | 50. *Sinkuenta* |
| 6. *Sesh* | 16. *Disesh, diz i sesh* | 60. *Sesenta, sheshenta* |
| 7. *Siete* | 17. *Disiete, diz i siete* | 70. *Setenta* |
| 8. *Ocho* | 18. *Diziocho* | 80. *Ochenta* |
| 9. *Mueve* | 19. *Dizimueve* | 90. *Noventa* |
| 100. *Sien* | 500. *Sinkosientos Kinyentos* | 900. *Muevesientos Novesientos* |
| 101. *Sien i uno* | 600. *Seshentos Sheshentos* | |
| 200. *Dosientos* | | 1.000 *Mil* |
| 300. *Tresientos* | 700. *Setesientos Sietesentos* | 2.000 *Dos mil* |
| 400. *Kuatrosientos Kuatroshentos* | | 1.000.000 *Un milion* |

## 5.2. Numerales ordinales

1º *Primer(o), Primo*  
2º *Segundo*  
3º *Terser(o), Treser(o), Terso*  
4º *Kuarto, Kuatreno*  
5º *Kinto, Sinkeno*  
6º *Seksto, Sejeno*  
7º *Septimo, Sieteno, Seteno*  
8º *Oktavo, Ocheno*  
9º *Noveno, Mueveno*  
10º *Dezimo, Diezeno, Dezeno*

Admiten variación de género y número: *la primera vez, son los oktavos.*

## 5.3. Partitivos

Los Adjetivos Partitivos expresan las partes en las que se divide el sustantivo al que acompañan. En algunos casos, los números fraccionarios se nombran igual que los ordinales: *un kuarto, un kinto, un seksto...* Pero otros se forman con la terminación /-avo/ como vemos en: *un onzeavo, un seisavo, un oktavo...*

1/2 : *un medio, media, mitad*
1/3: *un tersio, tersera, terso, un de tres*
1/4: *un kuarto, un de kuatro*
1/5: *un kinto, un de sinko*
1/6: *un seksto, sesto, un de sesh*
1/7: *un septimo, un de siete*
1/8: *un oktavo, ochavo, un de ocho*
1/9: *un noveno, un de mueve*
1/10: *un dezimo, diezen, un diezmo, un de diez*

Una forma alternativa de expresar los números fraccionarios es utilizando el sustantivo **parte:** *la seksta parte, la oktava parte, la primera parte, la diezena parte...*

## Capítulo 7
# El verbo

## 1. EL VERBO: DEFINICIÓN Y TIPOS

El verbo es la parte de la oración que expresa acción o estado. Conforma el núcleo del Predicado, por lo que su presencia suele ser indispensable para formar una oración, aunque en determinadas ocasiones puede omitirse.

- Existen verbos **simples** (*fraguar*) y **compuestos** (*propozar*); **primitivos** (*dar*) y **derivados** de otras categorías gramaticales (*akarisiar*).
- Verbos **transitivos e intransitivos:** los primeros admiten un complemento directo, los segundos no.
- Verbos **copulativos**: sirven para unir el sujeto con el predicado nominal. Los verbos copulativos son: *ser, estar y pareser*.
- Los verbos **auxiliares** (*augziliarios*) son aquellos que se unen al participio, gerundio e infinitivo formando perífrasis verbales: *ir a komer, tener ke/de estudiar*.
- Los **reflexivos**: estos verbos se forman con un verbo y la partícula *se* para el singular o *sen* para el plural: *para eya lavarse, para eyas lavarsen*. No todos los verbos admiten la forma reflexiva.

## 2. LA PERSONA

Señala la persona que realiza la acción del verbo:

- El verbo está en **primera persona** cuando se refiere a la persona que habla: *yo avlo; mozotros avlamos*.
- El verbo está en **segunda persona** cuando se refiere a aquélla con la que se habla: *tu avlas muncho; vozotros avlash muncho*.
- El verbo está en **tercera persona** cuando se refiere a aquélla de quien se habla: *eya kome muy poko; eyos komen muy poko*.

## 3. El número

Es la variación que sufe el verbo según se refiera a uno o a varios sujetos. En judeoespañol existen, al igual que en castellano, tres formas para el singular y tres para el plural en función de la persona en la que está el verbo.

## 4. Tiempos verbales

Reciben este nombre, en primer lugar, las formas que adopta el verbo:

- **Tiempos simples:** constan de una sola forma verbal: *kanti*.
- **Tiempos compuestos** (*kompozados*): son los que tienen una forma verbal auxiliar, que como veremos puede ser *aver* o *tener* y el participio del verbo que se conjuga: *yo avia visto el filmo*.

Pero existen tres tiempos propiamente dichos que nos resultan fundamentales para expresar ese momento en el que sucede la acción :

- *Prezente* indica la acción o el estado actual: *agora komo*.
- *Pasado* da a conocer la acción o el estado en un pasado: *ayer komites*.
- *Futuro* expresa una acción o estado que va a producirse: *amanyana komeras*.

## 5. Los modos verbales

De forma similar al castellano, en judeoespañol existe un modo indicativo (*indikativo*), un modo subjuntivo (*subjontivo*) y un modo *imperativo*.

Utilizamos el *indikativo* para ofrecer o requerir una información de forma asertiva, es decir, más o menos objetiva. Es el modo para expresar la «no ficción», aquello cuya realidad o irrealidad no se cuestiona.

Mediante el *subjontivo* matizamos o completamos el significado de otras oraciones y expresamos deseos, órdenes y prohibiciones. Denota cierta «ficción» en cuanto al significado del mensaje.

Finalmente, con el *imperativo* expresamos la intención apelativa de nuestro mensaje buscando provocar una reacción en nuestro interlocutor.

En español existe también el modo *potencial* (llamado también *condicionado* o *condicional*), que incluye los tiempo *futuro* y *condicional*. Sirve para expresar algo que se cumplirá si se dan ciertas condiciones. Podría decirse que es un modo a medio camino entre el indicativo y el subjuntivo.

En el judeoespañol no hay una postura unánime al respecto. En cuanto al *futuro,* hay autores que lo incluyen como un tiempo más dentro del

## Tabla de tiempos y modos verbales

| Modo Indicativo ||
|---|---|
| **Tiempos Simples** | **Tiempos Compuestos** |
| Prezente | Prezente perfekto |
| Kanto, kantas, kanta… | Tengo kantado \| A (ave) kantado… |
| Pasado simple | Preterito perfekto |
| Kanti, kantates, kanto… | Uvi kantado \| Tuvi kantado… |
| Pasado imperfekto | Pluperfekto kompozado |
| Kantaba, kantabas, kantaba,… | Avia kantado \| Tenia kantado… |
| **Modo Subjontivo** ||
| Prezente | Perfekto kompozado |
| Kante, kantes, kante… | Ayga kantado \| Tenga kantado… |
| Imperfekto | Pluperfekto kompozado |
| Kantara, kantaras, kantara… | Uviera kantado \| Tuviera kantado… |
| Kondisional | Kondisional kompozado |
| Kantaria, kantarias, kantaria… | Avria kantado \| Tendria kantado… |
| **Modo Futuro** ||
| Futuro | Futuro anterior |
| Kantare, kantaras… | Avre kantado \| Tendre kantado… |
| **Modo Imperativo** ||
| **Kanta**, kante el, kantemos mozos, **kantá/kantad**, ke kanten eyos ||
| **Infinitivo** ||
| Kantar | Aver kantado \| Tener kantado… |

| Partisipio || Djerundio ||
|---|---|---|---|
| Prezente | Pasado | Simple | Kompozado |
| Kantante | Kantado | (en) Kantando | Aviendo kantado |

*indikativo* y otros que lo consideran un modo aparte. En este libro se ha optado por diferenciarlo como un modo propio ya que, como veremos más adelante, el futuro realiza otras funciones que en castellano corresponden al modo subjuntivo.

Algo similar ocurre con el *kondisional*, que normalmente suele incluirse dentro del modo *subjontivo*; pero hay autores que lo consideran un modo diferente, como ocurre en portugués o en francés.

En esta gramática se ha incluido dentro del subjontivo porque, como veremos, el kondisional no es el único tiempo que se utiliza para construir oraciones condicionales y también porque realiza funciones que en castellano corresponden a otros tiempos del subjuntivo.

Aparte de los modos existen las ***formas impersonales del verbo.*** El *infinitivo (oyir),* da nombre al verbo y hace las veces de sustantivo. El *partisipio*, en su forma de *pasado (oyido)*, permite construir los tiempos compuestos y puede realizar la función de adjetivo; y en su forma de *prezente (oyente)* se comporta como un sustantivo. Finalmente, en cuanto al *djerundio (oyendo)* realiza las funciones que son propias de un adverbio.

## 6. La voz

Sirve para señalar si la acción del verbo es realizada por el sujeto o éste recibe la acción. El verbo está en **voz activa** cuando el sujeto realiza la acción que expresa el verbo: *Rebeka melda un livro.*

El verbo está en **voz pasiva** cuando el sujeto recibe la acción expresada por el verbo, mientras que quien realiza la acción es el llamado **complemento agente,** que está introducido por la preposición *por: Amerika fue konkistada por los evropeos.*

Como puede deducirse del ejemplo anterior, la voz pasiva en judeoespañol se forma igual igual que en castellano: [*verbo ser + participio*].

Cabe señalar, sin embargo, que las formas pasivas rara vez se utilizan en la lengua hablada.

## 7. Las Conjugaciones

Igual que en castellano, el verbo judeoespañol posee tres conjugaciones:

1. Primera conjugación: verbos en **-ar** *(kantar).*
2. Segunda conjugación: verbos en **-er** *(komer).*
3. Tercera conjugación: verbos en **-ir** *(bivir).*

Es muy sencillo, por lo tanto, identificar la conjugación de cada verbo en función de la terminación de su infinitivo.

# 8. Primera conjugación (-AR): Kantar

| Tiempos Simples | |
|---|---|
| **Modo Indikativo** | **Modo Subjontivo** |
| Prezente | Prezente |
| kanto<br>kantas<br>kanta<br>kantamos<br>kantásh<br>kantan | kante<br>kantes<br>kante<br>kantemos<br>kantésh<br>kanten |
| Pasado simple | Imperfekto |
| kantí<br>kantates<br>kantó<br>kantimos<br>kantatesh<br>kantaron | kantara<br>kantaras<br>kantara<br>kantáramos<br>kantárash<br>kantaran |
| Pasado Imperfekto | Kondisional |
| kantava<br>kantavas<br>kantava<br>kantávamos<br>kantávash<br>kantavan | kantaría<br>kantarías<br>kantaría<br>kantaríamos<br>kantaríash<br>kantarían |
| **Modo Futuro** | **Modo Imperativo** |
| kantaré<br>kantarás<br>kantará<br>kantaremos<br>kantarésh/kantarásh*<br>kantarán | kanta, kantá/kantad<br><br>Infinitivo   kantar<br>Djerundio   kantando<br>Partisipio   kantado |

* Las formas de futuro terminada en -*ash* son propias de la lengua hablada.

## 9. Segunda conjugación (-ER): Komer

| Tiempos Simples ||
|---|---|
| **Modo Indikativo** | **Modo Subjontivo** |
| Prezente | Prezente |
| komo<br>komes<br>kome<br>komemos<br>komesh<br>komen | koma<br>komas<br>koma<br>komamos<br>komash<br>koman |
| Pasado simple | Imperfekto |
| komi<br>komites<br>komio<br>komimos<br>komitesh<br>komieron | komiera<br>komieras<br>komiera<br>komieramos<br>komierash<br>komieran |
| Pasado Imperfekto | Kondisional |
| komia<br>komias<br>komia<br>komiamos<br>komiash<br>komian | komeria<br>komerias<br>komeria<br>komeriamos<br>komeriash<br>komerian |
| **Modo Futuro** | **Modo Imperativo** |
| komere<br>komeras<br>komera<br>komeremos<br>komeresh/komerash<br>komeran | kome, kome(d)<br><br>**Infinitivo** komer<br>**Djerundio** komiendo<br>**Partisipio** komido |

# 10. Tercera conjugación (-IR): Bivir

| Tiempos Simples ||
|---|---|
| **Modo Indikativo** | **Modo Subjontivo** |
| Prezente | Prezente |
| *bivo* | *biva* |
| *bives* | *bivas* |
| *bive* | *biva* |
| *bivimos* | *bivamos* |
| *bivish* | *bivash* |
| *biven* | *bivan* |
| Pasado simple | Imperfekto |
| *bivi* | *biviera* |
| *bivites* | *bivieras* |
| *bivio* | *biviera* |
| *bivimos* | *bivieramos* |
| *bivitesh* | *bivierash* |
| *bivieron* | *bivieran* |
| Pasado Imperfekto | Kondisional |
| *bivia* | *biviria* |
| *bivias* | *bivirias* |
| *bivia* | *biviria* |
| *biviamos* | *biviriamos* |
| *biviash* | *biviriash* |
| *bivian* | *bivirian* |
| **Modo Futuro** | **Modo Imperativo** |
| *bivire* | *bive, bivi(d)* |
| *biviras* | |
| *bivira* | Infinitivo  *bivir* |
| *biviremos* | Djerundio  *biviendo* |
| *biviresh/bivirash* | Partisipio  *bivido* |
| *biviran* | |

Capítulo 8
# Los tiempos compuestos, verbos copulativos e irregulares

## 1. Formación de los tiempos compuestos

A diferencia del español moderno, los tiempos compuestos en judeoespañol pueden formarse tanto con el verbo *aver* como con el verbo *tener* más el participio pasado del verbo a conjugar, esta última forma resulta de clara influencia portuguesa: *Yo ave komido/Yo tengo komido*.

Las dos formas son sinónimas; sin embargo, algunos autores defienden que los matices que confiere a la frase el uso de uno u otro verbo no son exactamente los mismos. En esta obra no se va a abordar este debate.

### 1.1. Uso actual de los tiempos compuestos

El judeoespañol posee varios tiempos compuestos que precisan el significado temporal del verbo, pero igual que ocurre en otras lenguas romances **limita su uso en favor de las formas simples** precisadas con ayuda de un adverbio.

En consecuencia, encontramos que las formas compuestas más utilizadas son el *prezente perfekto*, equivalente a nuestro «pretérito perfecto compuesto» y el *pluperfekto*, equivalente a nuestro «pretérito pluscuamperfecto».

¿Significa que el resto de formas ha dejado de usarse? En la lengua hablada son de uso poco común, aunque es posible encontrarlas sobre todo en la lengua escrita.

En realidad, muchos de estos usos ya están documentados en el castellano medieval, como atestigua la gramática de Nebrija; según la cual las forma compuesta indica exactamente lo mismo que la forma simple. Así pues, las formas *dixe* y *he dicho* en el castellano bajomedieval significaban exactamente lo mismo.

No ocurre así hoy en día; como sabemos, *dije* expresa una acción realizada en un tiempo anterior (p.e. ayer, el año pasado) mientras que *he dicho* también hace alusión a un tiempo pasado, pero dentro de una unidad temporal no finalizada aún (p.e. hoy, esta mañana, esta semana).

## 2. Verbo Aver

| Tiempos Simples ||
|---|---|
| **Modo Indikativo** | **Modo Subjontivo** |
| Prezente | Prezente |
| yo ave (a,e,o) <br> tu aves (as) <br> el/eya ave (a) <br> mozos avemos (amos, emos) <br> vozos avesh (ash) <br> ellos/eyas aven (an) | ayga <br> aygas <br> **ayga** <br> aygamos <br> aygash <br> aygan |
| Pasado simple | Imperfekto |
| uvi, uvites <br> **uvo**, uvimos <br> uvitesh, uvieron | uviera, uvieras <br> **uviera**, uvieramos <br> uvierash, uvieran |
| Pasado Imperfekto | Kondisional |
| avia, avias <br> **avia**, aviamos <br> aviash, avian | avria, avrias <br> **avria**, avriamos <br> avriash, avrian |
| **Modo Futuro** | **Modo Imperativo** |
| avre, avras <br> **avra**, avremos <br> avresh/avrash, avran | En desuso |
| | Infinitivo   aver <br> Djerundio   aviendo/uviendo <br> Partisipio   avido/uvido |

Por influencia del francés hay hablantes para los que el verbo *aver* significa también «tener». Salvo las formas del *Prezente* y las del *Pasado Imperfekto*, el resto de formas se emplean casi únicamente en la tercera persona del singular en frases impersonales. Las hemos señalado en negrita. En el caso de presente la forma impersonal es ***ay***. Los tiempos compuestos (*kompozados*) de este verbo se hallan en desuso en la lengua hablada.

# 3. Verbo Tener

| Tiempos Simples ||
|---|---|
| **Modo Indikativo** | **Modo Subjontivo** |
| Prezente | Prezente |
| *tengo* <br> *tienes* <br> *tiene* <br> *tenemos* <br> *tenesh* <br> *tienen* | *tenga* <br> *tengas* <br> *tenga* <br> *tengamos* <br> *tengash* <br> *tengan* |
| Pasado Simple | Imperfekto |
| *tuvi, tuvites* <br> *tuvo, tuvimos* <br> *tuvitesh, tuvieron* | *tuviera, tuvieras* <br> *tuviera, tuvieramos* <br> *tuvierash, tuvieran* |
| Pasado Imperfekto | Kondisional |
| *tenia, tenias* <br> *tenia, teniamos* <br> *teniash, tenian* | *tendria, tendrias* <br> *tendria, tendriamos* <br> *tendriash, tendrian* |
| **Modo Futuro** | **Modo Imperativo** |
| *tendre, tendras* <br> *tendra, tendremos* <br> *tendresh, tendran* | *ten, tene(d)* |
| | Infinitivo    tener <br> Djerundio    teniendo/tuviendo <br> Partisipio    tenido/tuvido |

Con respecto a los tiempos simples de este verbo, cabe remarcar que el futuro y el condicional pueden adoptar también las formas: *tenre, terne...* y *tenria, ternia...* pero no son de uso habitual, salvo en el habla de algunas modalidades.

| Tiempos Kompozados ||
|---|---|
| **Modo Indikativo** | **Modo Subjontivo** |
| Prezente Perfekto | Perfekto kompozado |
| *ave tenido, aves tenido*<br>*ave tenido, avemos tenido*<br>*avesh tenido, aven tenido* | *ayga tenido, aygas tenido*<br>*ayga tenido, aygamos tenido*<br>*aygash tenido, aygan tenido* |
| Preterito Perfekto | Pluperfekto kompozado |
| *uvi tenido, uvites tenido*<br>*uvo tenido, uvimos tenido*<br>*uvitesh tenido, uvieron tenido* | *uviera tenido, uvieras tenido*<br>*uviera tenido, uvieramos tenido*<br>*uvierash tenido, uvieran tenido* |
| Pluperfekto kompozado | Kondisional kompozado |
| *avia tenido, avias tenido*<br>*avia tenido, aviamos tenido*<br>*aviash tenido, avian tenido* | *avria tenido, avrias tenido*<br>*avria tenido, avriamos tenido*<br>*avriash tenido, avrian tenido* |
| **Modo Futuro** | **Djerundio kompozado** |
| Futuro anterior | *aviendo/uviendo tenido/tuvido* |
| *avre tenido, avras tenido*<br>*avra tenido, avremos tenido*<br>*avresh tenido, avran tenido* | **Infinitivo kompozado** |
|  | *aver tenido* |

### 3.1. Perífrasis con *Tener*

Además de su uso como auxiliar o propiamente como verbo que indica la posesión de algún objeto, con el verbo *tener* se construyen algunas perífrasis de uso habitual: *tener ambre, tener sed, tener kalor, tener kaentura* (fiebre), *tener friyo, tener razon, tener kargo (ten kargo!* ¡ten cuidado!), *tener kargo de...* (tener cuidado de, estar al cargo de), *tener el uzo de...* (tener la costumbre de), *tener pasensia, tener menester/demenester* (necesitar).

> En la lengua hablada es más común formar el *prezente perfekto* (también llamado *pasado kompozado*) con **Tener** que con *Aver*, pero aun así se prefiere usar el pasado simple antes que el compuesto.

# 4. Formando los tiempos compuestos: Kantar

## 4.1. Con el verbo Aver

| Modo Indikativo | Modo Subjontivo |
|---|---|
| **Prezente Perfekto** | **Perfekto kompozado** |
| *ave kantado* <br> *aves kantado* <br> *ave kantado* <br> *avemos kantado* <br> *avesh kantado* <br> *aven kantado* | *ayga kantado* <br> *aygas kantado* <br> *ayga kantado* <br> *aygamos kantado* <br> *aygash kantado* <br> *aygan kantado* |
| **Pluperfekto kompozado** | **Pluperfekto kompozado** |
| *avia kantado* <br> *avias kantado* <br> *avia kantado* <br> *aviamos kantado* <br> *aviash kantado* <br> *avian kantado* | *uviera kantado* <br> *uvieras kantado* <br> *uviera kantado* <br> *uvieramos kantado* <br> *uvierash kantado* <br> *uvieran kantado* |
| **Preterito Perfekto** | **Kondisional kompozado** |
| *uvi kantado* <br> *uvites kantado* <br> *uvo kantado* <br> *uvimos kantado* <br> *uvitesh kantado* <br> *uvieron kantado* | *avria kantado* <br> *avrias kantado* <br> *avria kantado* <br> *avriamos kantado* <br> *avriash kantado* <br> *avrian kantado* |
| **Modo Futuro** | |
| **Futuro anterior** | |
| *avre kantado* <br> *avras kantado* <br> *avra kantado* <br> *avremos kantado* <br> *avresh kantado* <br> *avran kantado* | **Djerundio kompozado** <br> *aviendo/uviendo kantado* <br><br> **Infinitivo kompozado** <br> *aver kantado* |

GRAMÁTICA BÁSICA DE DJUDEO-ESPANYOL

## 4.2. Con el verbo *Tener*

| Modo Indikativo | Modo Subjontivo |
|---|---|
| **Prezente Perfekto** | **Perfekto kompozado** |
| *tengo kantado* <br> *tienes kantado* <br> *tiene kantado* <br> *tenemos kantado* <br> *tenesh kantado* <br> *tienen kantado* | *tenga kantado* <br> *tengas kantado* <br> *tenga kantado* <br> *tengamos kantado* <br> *tengash kantado* <br> *tengan kantado* |
| **Pluperfekto kompozado** | **Pluperfekto kompozado** |
| *tenia kantado* <br> *tenias kantado* <br> *tenia kantado* <br> *teniamos kantado* <br> *teniash kantado* <br> *tenian kantado* | *tuviera kantado* <br> *tuvieras kantado* <br> *tuviera kantado* <br> *tuvieramos kantado* <br> *tuvierash kantado* <br> *tuvieran kantado* |
| **Preterito Perfekto** | **Kondisional kompozado** |
| *tuvi kantado* <br> *tuvites kantado* <br> *tuvo kantado* <br> *tuvimos kantado* <br> *tuvitesh kantado* <br> *tuvieron kantado* | *tendria kantado* <br> *tendrias kantado* <br> *tendria kantado* <br> *tendriamos kantado* <br> *tendriash kantado* <br> *tendrian kantado* |
| **Modo Futuro** | |
| **Futuro anterior** | |
| *tendre kantado* <br> *tendras kantado* <br> *tendra kantado* <br> *tendremos kantado* <br> *tendresh kantado* <br> *tendran kantado* | **Djerundio kompozado** <br> *teniendo/tuviendo kantado* <br><br> **Infinitivo kompozado** <br> *tener kantado* |

## 5. Verbo Ser

| Tiempos Simples ||
|---|---|
| **Modo Indikativo** | **Modo Subjontivo** |
| Prezente | Prezente |
| *yo so (se)*<br>*tu sos*<br>*el/eya es*<br>*mozos somos (semos)*<br>*vozos sosh*<br>*eyos/eyas son* | *sea*<br>*seas*<br>*sea*<br>*seamos*<br>*seash*<br>*sean* |
| Pasado simple | Imperfekto |
| *fui*<br>*fuites*<br>*fue*<br>*fuimos*<br>*fuitesh*<br>*fueron* | *fuera*<br>*fueras*<br>*fuera*<br>*fueramos*<br>*fuerash*<br>*fueran* |
| Pasado Imperfekto | Kondisional |
| *era*<br>*eras*<br>*era*<br>*eramos*<br>*erash*<br>*eran* | *seria*<br>*serias*<br>*seria*<br>*seriamos*<br>*seriash*<br>*serian* |
| **Modo Futuro** | **Modo Imperativo** |
| *sere*<br>*seras*<br>*sera*<br>*seremos*<br>*seresh/serash*<br>*seran* | *seas, seash*<br><br>**Infinitivo** ser<br>**Djerundio** *siendo*<br>**Partisipio** *sido* |

# 5. VERBO SER

| Tiempos Kompozados ||
|---|---|
| **Modo Indikativo** | **Modo Subjontivo** |
| Prezente Perfekto | Perfekto kompozado |
| *tengo/ave sido*<br>*tienes/aves sido*<br>*tiene/ave sido*<br>*tenemos/avemos sido*<br>*tenesh/avesh sido*<br>*tienen/aven sido* | *ayga/tenga sido*<br>*aygas/tengas sido*<br>*ayga/tenga sido*<br>*aygamos/tengamos sido*<br>*aygash/tengash sido*<br>*aygan/tengan sido* |
| Preterito Perfekto | Pluperfekto kompozado |
| *tuvi/uvi sido*<br>*tuvites/uvites sido*<br>*tuvo/uvo sido*<br>*tuvimos/uvimos sido*<br>*tuvitesh/uvitesh sido*<br>*tuvieron/uvieron sido* | *uviera sido*<br>*uvieras sido*<br>*uviera sido*<br>*uvieramos sido*<br>*uvierash sido*<br>*uvieran sido* |
| Pluperfekto kompozado | Kondisional kompozado |
| *avia sido*<br>*avias sido*<br>*avia sido*<br>*aviamos sido*<br>*aviash sido*<br>*avian sido* | *avria sido*<br>*avrias sido*<br>*avria sido*<br>*avriamos sido*<br>*avriash sido*<br>*avrian sido* |
| **Modo Futuro** ||
| Futuro anterior | |
| *avre sido*<br>*avras sido*<br>*avra sido*<br>*avremos sido*<br>*avresh/avrash sido*<br>*avran sido* | **Djerundio kompozado** |
| ^ | *aviendo sido* |
| ^ | **Infinitivo kompozado** |
| ^ | *aver sido* |

# 6. Verbo Estar

| Tiempos Simples ||
|---|---|
| **Modo Indikativo** | **Modo Subjontivo** |
| Prezente | Prezente |
| yo esto<br>tu estas<br>el/eya esta<br>mozos estamos<br>vozos estash<br>eyos/eyas estan | este<br>estes<br>este<br>estemos<br>estesh<br>esten |
| Pasado simple | Imperfekto |
| estuvi<br>estuvites<br>estuvo<br>estuvimos<br>estuvitesh<br>estuvieron | estuviera<br>estuvieras<br>estuviera<br>estuvieramos<br>estuvierash<br>estuvieran |
| Pasado Imperfekto | Kondisional |
| estava<br>estavas<br>estava<br>estavamos<br>estavash<br>estavan | estaria<br>estarias<br>estaria<br>estariamos<br>estariash<br>estarian |
| **Modo Futuro** | **Modo Imperativo** |
| Futuro | esta, esta(d) |
| estare<br>estaras<br>estara<br>estaremos<br>estaresh/estarash<br>estaran | Infinitivo   estar<br>Djerundio   estando<br>Partisipio   estado |

# 6. Verbo Estar

| Tiempos Kompozados ||
|---|---|
| **Modo Indikativo** | **Modo Subjontivo** |
| Prezente Perfekto | Perfekto kompozado |
| tengo/ave estado<br>tienes/aves estado<br>tiene/ave estado<br>tenemos/avemos estado<br>tenesh/avesh estado<br>tienen/aven estado | ayga/tenga estado<br>aygas/tengas estado<br>ayga/tenga estado<br>aygamos/tengamos estado<br>aygash/tengash estado<br>aygan/tengan estado |
| Preterito Perfekto | Pluperfekto kompozado |
| tuvi/uvi estado<br>tuvites/uvites estado<br>tuvo/uvo estado<br>tuvimos/uvimos estado<br>tuvitesh/uvitesh estado<br>tuvieron/uvieron estado | uviera estado<br>uvieras estado<br>uviera estado<br>uvieramos estado<br>uvierash estado<br>uvieran estado |
| Pluperfekto kompozado | Kondisional kompozado |
| avia estado<br>avias estado<br>avia estado<br>aviamos estado<br>aviash estado<br>avian estado | avria estado<br>avrias estado<br>avria estado<br>avriamos estado<br>avriash estado<br>avrian estado |
| **Modo Futuro** | |
| Futuro anterior | |
| avre estado<br>avras estado<br>avra estado<br>avremos estado<br>avresh/avrash estado<br>avran estado | **Djerundio kompozado** |
| ^ | aviendo estado |
| ^ | **Infinitivo kompozado** |
| ^ | aver estado |

# 7. Verbo Azer (o Fazer)

| Tiempos Simples | |
|---|---|
| **Modo Indikativo** | **Modo Subjontivo** |
| Prezente | Prezente |
| yo ago<br>tu azes<br>el/eya aze<br>mozos azemos<br>vozos azesh<br>eyos/eyas azen | aga<br>agas<br>aga<br>agamos<br>agash<br>agan |
| Pasado simple | Imperfekto |
| izi<br>izites<br>izo<br>izimos<br>izitesh<br>izieron | iziera<br>izieras<br>iziera<br>izieramos<br>izierash<br>izieran |
| Pasado Imperfekto | Kondisional |
| azia<br>azias<br>azia<br>aziamos<br>aziash<br>azian | aria<br>arias<br>aria<br>ariamos<br>ariash<br>arian |
| **Modo Futuro** | **Modo Imperativo** |
| Futuro | aze, aze(d) |
| are/azere<br>aras/azeras,<br>ara/azera<br>aremos/azeremos<br>aresh/arash/azeresh<br>aran/azeran | Infinitivo   azer<br>Djerundio   aziendo<br>Partisipio   echo |

# 7. Verbo Azer (o Fazer)

| Tiempos Kompozados ||
|---|---|
| **Modo Indikativo** | **Modo Subjontivo** |
| Prezente Perfekto | Perfekto kompozado |
| tengo/ave echo<br>tienes/aves echo<br>tiene/ave echo<br>tenemos/avemos echo<br>tenesh/avesh echo<br>tienen/aven echo | ayga/tenga echo<br>aygas/tengas echo<br>ayga/tenga echo<br>aygamos/tengamos echo<br>aygash/tengash echo<br>aygan/tengan echo |
| Preterito Perfekto | Pluperfekto kompozado |
| tuvi/uvi echo<br>tuvites/uvites echo<br>tuvo/uvo echo<br>tuvimos/uvimos echo<br>tuvitesh/uvitesh echo<br>tuvieron/uvieron echo | uviera echo<br>uvieras echo<br>uviera echo<br>uvieramos echo<br>uvierash echo<br>uvieran echo |
| Pluperfekto kompozado | Kondisional kompozado |
| avia echo<br>avias echo<br>avia echo<br>aviamos echo<br>aviash echo<br>avian echo | avria echo<br>avrias echo<br>avria echo<br>avriamos echo<br>avriash echo<br>avrian echo |
| **Modo Futuro** | |
| Futuro anterior | |
| avre echo<br>avras echo<br>avra echo<br>avremos echo<br>avresh/avrash echo<br>avran echo | **Djerundio kompozado** |
| ^ | aviendo echo |
| ^ | **Infinitivo kompozado** |
| ^ | aver echo |

# 8. Verbo Poder/Pueder

| Tiempos Simples ||
|---|---|
| **Modo Indikativo** | **Modo Subjontivo** |
| Prezente | Prezente |
| yo puedo<br>tu puedes<br>el/eya puede<br>mozos podemos/puedemos<br>vozos podesh/puedemos<br>eyos/eyas pueden | pueda<br>puedas<br>pueda<br>podamos/puedamos<br>podash/puedash<br>puedan |
| Pasado simple | Imperfekto |
| pudi<br>pudites<br>pudo<br>pudimos/podimos<br>puditesh/poditesh<br>pudieron/podieron | podiera<br>podieras<br>podiera<br>podieramos<br>podierash<br>podieran |
| Pasado Imperfekto | Kondisional |
| podia/pudia<br>podias<br>podia<br>podiamos<br>podiash<br>podian | podria<br>podrias<br>podria<br>podriamos<br>podriash<br>podrian |
| **Modo Futuro** | **Modo Imperativo** |
| Futuro | Puede, pode(d) |
| podre<br>podras<br>podra<br>podremos<br>podresh/podrash<br>podran | Infinitivo   poder<br>Djerundio   pudiendo<br>Partisipio   podido |

# 8. Verbo Poder/Pueder

| Tiempos Kompozados ||
|---|---|
| **Modo Indikativo** | **Modo Subjontivo** |
| Prezente Perfekto | Perfekto kompozado |
| tengo/ave podido<br>tienes/aves podido<br>tiene/ave podido<br>tenemos/avemos podido<br>tenesh/avesh podido<br>tienen/aven podido | ayga/tenga podido<br>aygas/tengas podido<br>ayga/tenga podido<br>aygamos/tengamos podido<br>aygash/tengash podido<br>aygan/tengan podido |
| Preterito Perfekto | Pluperfekto kompozado |
| tuvi/uvi podido<br>tuvites/uvites podido<br>tuvo/uvo podido<br>tuvimos/uvimos podido<br>tuvitesh/uvitesh podido<br>tuvieron/uvieron podido | uviera podido<br>uvieras podido<br>uviera podido<br>uvieramos podido<br>uvierash podido<br>uvieran podido |
| Pluperfekto kompozado | Kondisional kompozado |
| avia podido<br>avias podido<br>avia podido<br>aviamos podido<br>aviash podido<br>avian podido | avria podido<br>avrias podido<br>avria podido<br>avriamos podido<br>avriash podido<br>avrian podido |
| **Modo Futuro** | |
| Futuro anterior | |
| avre podido<br>avras podido<br>avra podido<br>avremos podido<br>avresh/avrash podido<br>avran podido | **Djerundio kompozado** |
| ^ | aviendo podido |
| ^ | **Infinitivo kompozado** |
| ^ | aver podido |

## 9. Verbo Kerer/Kierer

| Tiempos Simples ||
|---|---|
| **Modo Indikativo** | **Modo Subjontivo** |
| Prezente | Prezente |
| yo kero/kiero*<br>tu keres/kieres<br>el/eya kere/kiere<br>mozos keremos/kieremos<br>vozos keresh/kieresh<br>ellos/eyas keren/kieren | kera<br>keras<br>kera<br>keramos<br>kerash<br>keran |
| Pasado simple | Imperfekto |
| kiji<br>kijites<br>kijo<br>kijimos<br>kijitesh<br>kijeron | kijera<br>kijeras<br>kijera<br>kijeramos<br>kijerash<br>kijeran |
| Pasado Imperfekto | Kondisional |
| keria<br>kerias<br>keria<br>keriamos<br>keriash<br>kerian | kerria<br>kerrias<br>kerria<br>kerriamos<br>kerriash<br>kerrian |
| **Modo Futuro** | **Modo Imperativo** |
| Futuro | kere, kere(d) |
| kerre, kerras<br>kerra, kerremos<br>kerresh/kerrash<br>kerran | Infinitivo   kerer<br>Djerundio  keriendo<br>Partisipio  kerido |

\* Las formas con -i- son propias de Salónica (Selanik).

## 9. Verbo Kerer/Kierer

| Tiempos Kompozados ||
|---|---|
| **Modo Indikativo** | **Modo Subjontivo** |
| Prezente Perfekto | Perfekto kompozado |
| tengo/ave kerido<br>tienes/aves kerido<br>tiene/ave kerido<br>tenemos/avemos kerido<br>tenesh/avesh kerido<br>tienen/aven kerido | ayga/tenga kerido<br>aygas/tengas kerido<br>ayga/tenga kerido<br>aygamos/tengamos kerido<br>aygash/tengash kerido<br>aygan/tengan kerido |
| Preterito Perfekto | Pluperfekto kompozado |
| tuvi/uvi kerido<br>tuvites/uvites kerido<br>tuvo/uvo kerido<br>tuvimos/uvimos kerido<br>tuvitesh/uvitesh kerido<br>tuvieron/uvieron kerido | uviera kerido<br>uvieras kerido<br>uviera kerido<br>uvieramos kerido<br>uvierash kerido<br>uvieran kerido |
| Pluperfekto kompozado | Kondisional kompozado |
| avia kerido<br>avias kerido<br>avia kerido<br>aviamos kerido<br>aviash kerido<br>avian kerido | avria kerido<br>avrias kerido<br>avria kerido<br>avriamos kerido<br>avriash kerido<br>avrian kerido |
| **Modo Futuro** | |
| Futuro anterior | |
| avre kerido | **Djerundio kompozado** |
| avras kerido<br>avra kerido | aviendo kerido |
| avremos kerido | |
| avresh/avrash kerido | **Infinitivo kompozado** |
| avran kerido | aver kerido |

## 10. Verbo Ir

| Tiempos Simples ||
|---|---|
| **Modo Indikativo** | **Modo Subjontivo** |
| Prezente | Prezente |
| yo vo<br>tu vas<br>el/eya va<br>mozos vamos<br>vozos vash<br>eyos/eyas van | vayga/vaya<br>vaygas/vayas<br>vayga/vaya<br>vaygamos/vayamos<br>vaygash/vayash<br>vaygan/vayan |
| Pasado simple | Imperfekto |
| fui<br>fuites<br>fue<br>fuimos<br>fuites<br>fueron | fuera<br>fueras<br>fuera<br>fueramos<br>fuerash<br>fueran |
| Pasado Imperfekto | Kondisional |
| iva<br>ivas<br>iva<br>ivamos<br>ivash<br>ivan | iria<br>irias<br>iria<br>iriamos<br>iriash<br>irian |
| **Modo Futuro** | **Modo Imperativo** |
| Futuro | va, va |
| ire<br>iras<br>ira<br>iremos<br>iresh/irash<br>iran | Infinitivo   ir<br>Djerundio   indo<br>Partisipio   ido |

## 10. Verbo Ir

| Tiempos Kompozados ||
|---|---|
| **Modo Indikativo** | **Modo Subjontivo** |
| Prezente Perfekto | Perfekto kompozado |
| tengo/ave ido<br>tienes/aves ido<br>tiene/ave ido<br>tenemos/avemos ido<br>tenesh/avesh ido<br>tienen/aven ido | ayga/tenga ido<br>aygas/tengas ido<br>ayga/tenga ido<br>aygamos/tengamos ido<br>aygash/tengash ido<br>aygan/tengan ido |
| Preterito Perfekto | Pluperfekto kompozado |
| tuvi/uvi ido<br>tuvites/uvites ido<br>tuvo/uvo ido<br>tuvimos/uvimos ido<br>tuvitesh/uvitesh ido<br>tuvieron/uvieron ido | uviera ido<br>uvieras ido<br>uviera ido<br>uvieramos ido<br>uvierash ido<br>uvieran ido |
| Pluperfekto kompozado | Kondisional kompozado |
| avia ido<br>avias ido<br>avia ido<br>aviamos ido<br>aviash ido<br>avian ido | avria ido<br>avrias ido<br>avria ido<br>avriamos ido<br>avriash ido<br>avrian ido |
| **Modo Futuro** | |
| Futuro anterior | |
| avre ido<br>avras ido<br>avra ido<br>avremos ido<br>avresh/avrash ido<br>avran ido | **Djerundio kompozado** |
| ^ | aviendo ido |
| ^ | **Infinitivo kompozado** |
| ^ | aver ido |

## 11. Verbo Dever

| Tiempos Simples ||
|---|---|
| **Modo Indikativo** | **Modo Subjontivo** |
| Prezente | Prezente |
| yo devo<br>tu deves<br>el/eya deve<br>mozos devemos<br>vozos devesh<br>eyos/eyas deven | deva<br>devas<br>deva<br>devamos<br>devash<br>devan |
| Pasado simple | Imperfekto |
| duvi/devi*<br>duvites/devites<br>duvo<br>duvimos/devimos<br>duvitesh/devitesh<br>duvieron/devieron | deviera<br>devieras<br>deviera<br>devieramos<br>devierash<br>devieran |
| Pasado Imperfekto | Kondisional |
| devia<br>devias<br>devia<br>deviamos<br>deviash<br>devian | devria<br>devrias<br>devria<br>devriamos<br>devriash<br>devrian |
| **Modo Futuro** | **Modo Imperativo** |
| Futuro | deve, deve(d) |
| devre, devras<br>devra, devremos<br>devresh/devrash<br>devran | Infinitivo   dever<br>Djerundio  deviendo<br>Partisipio  devido |

* ***Duvi:*** fui/estuve obligado a; ***devi:*** fui deudor.

## 11. Verbo Dever

| Tiempos Kompozados ||
|---|---|
| **Modo Indikativo** | **Modo Subjontivo** |
| Prezente Perfekto | Perfekto kompozado |
| *tengo/ave devido* <br> *tienes/aves devido* <br> *tiene/ave devido* <br> *tenemos/avemos devido* <br> *tenesh/avesh devido* <br> *tienen/aven devido* | *ayga/tenga devido* <br> *aygas/tengas devido* <br> *ayga/tenga devido* <br> *aygamos/tengamos devido* <br> *aygash/tengash devido* <br> *aygan/tengan devido* |
| Preterito Perfekto | Pluperfekto kompozado |
| *tuvi/uvi devido* <br> *tuvites/uvites devido* <br> *tuvo/uvo devido* <br> *tuvimos/uvimos devido* <br> *tuvitesh/uvitesh devido* <br> *tuvieron/uvieron devido* | *uviera devido* <br> *uvieras devido* <br> *uviera devido* <br> *uvieramos devido* <br> *uvierash devido* <br> *uvieran devido* |
| Pluperfekto kompozado | Kondisional kompozado |
| *avia devido* <br> *avias devido* <br> *avia devido* <br> *aviamos devido* <br> *aviash devido* <br> *avian devido* | *avria devido* <br> *avrias devido* <br> *avria devido* <br> *avriamos devido* <br> *avriash devido* <br> *avrian devido* |
| **Modo Futuro** ||
| Futuro anterior | **Djerundio kompozado** |
| *avre devido* <br> *avras devido* <br> *avra devido* <br> *avremos devido* <br> *avresh/avrash devido* <br> *avran devido* | *aviendo devido* |
| | **Infinitivo kompozado** |
| | *aver devido* |

## 12. ALGUNAS FORMAS IRREGULARES

### 12.1. Prezente de Indikativo

| Konoser | Dizir | Salir |
|---|---|---|
| Konosko | Digo | Salgo |
| konoses | dizes | sales/salis |
| konose | dize | sale/sali |
| konosemos | dizimos | salimos |
| konosesh | dizish | salish |
| konosen | dizen | salen/salin |

### 12.2. Pasado simple de Indikativo

| Ver | Dizir | Venir/vinir |
|---|---|---|
| Vidi | Dishi | Vini |
| vites | dishites | vinites |
| vido | disho | vino |
| vimos | dishimos | vinimos |
| vitesh | disitesh | vinitesh |
| vieron | disheron | vinieron |

### 12.3. Futuro de Indikativo

| Saver | Dezir/dizir | Salir | Venir/vinir |
|---|---|---|---|
| Savre | Dire | Saldre/salire | Vendre |
| savras | diras | saldras | vendras |
| savra | dira | saldra | vendra |
| savremos | diremos | saldremos | vendremos |
| savresh | diresh | saldresh | vendresh |
| savran | diran | saldran | vendran |

## 12.4. Prezente de Subjontivo

| Dar | Durmir | Kayer | Ver |
|---|---|---|---|
| De | Durma, | Kayga | Veyga |
| des | durmas | kaygas | veygas |
| de | durma | kayga | veyga |
| demos | durmamos | kaygamos | veygamos |
| desh | durmash | kaygash | veygash |
| den | durman | kaygan | veygan |

| Oyir | Sintir | Vinir |
|---|---|---|
| Oyga | Sienta | Venga |
| oygas | sientas | vengas |
| oyga | sienta | venga |
| oygamos | sintamos | vengamos |
| oygash | sintash | vengash |
| oygan | sientan | vengan |

## 12.5. Imperfekto de Subjontivo

| Dar | Durmir | Kayer | Ver |
|---|---|---|---|
| Diera | Durmiera, | Kayera | Viera |
| dieras | durmieras | kayeras | vieras |
| diera | durmiera | kayera | viera |
| dieramos | durmieramos | kayeramos | vieramos |
| dierash | durmierash | kayerash | vieraash |
| dieran | durmieran | kayeran | vieran |

| Oyir | Sintir | Vinir |
|---|---|---|
| Oyera | Sintiera | Viniera |
| oyeras | sintieras | vinieras |
| oyera | sintiera | viniera |
| oyeramos | sintieramos | vinieramos |
| oyerash | sintierash | vinierash |
| oyeran | sintieran | vinieran |

# Capítulo 9
# Sintaxis verbal

## 1. Futuro inmediato

Como ocurre en castellano, el futuro inmediato se expresa por la construcción perifrástica *ir + (a) + infinitivo*:

*Vo (va) (a) ir, vas a ir, va (a) ir, vamos a ir, vash a ir, van (a) ir*

La 1ª persona puede adoptar las formas *vo/va kantar, vo/va a kantar, v'a kantar*. En este libro se ha optado por mantener la preposición *a* solo en aquellas formas verbales terminadas en /-s/, que suele ser lo habitual en textos pubicados.

## 2. Futuro anterior

Expresa una acción futura precedente a otra acción futura, relacionada con ella y pasada con respecto a ella[1]. Se forma con el *futuro de aver* y el *partisipio pasado* del verbo principal.
También expresa una condición hipotética e incluso duda, en estos casos la conjunción *si* introduce la oración subordinada:

*Si avremos estudiado el anyo entero, resiviremos una buena nota*
*Ken save si el avra vendido su kaza*

## 3. Formas no personales del verbo

Bajo la influencia de las lenguas balcánicas el uso del infinitivo ha sido sustituido por el subjuntivo: *kale/kare azer = kale/kare ke aga* (debe hacer).

---

[1] Matilda Koén-Sarano (1999). Kurso de djudeo-espanyol (ladino) para adelantados. Beerseba: Universidad Ben Gurion del Neguev.

El dialecto de Macedonia tiene un *infinitivo personal*[2] como ocurre en gallego y portugués:

*Ke no me eches en olvido de mi mandares letras.*
(para que no te olvides de enviarme cartas).

El *imperativo* puede sustantivarse anteponiendo el artículo el: el komer muncho es malo.

El *partisipio prezente* (nuestro gerundio) puede estar precedido por la preposición *en*, pero no es preceptivo.

## 4. Uso del Imperativo

Con los **pronombres clíticos** se usa la forma plural del imperativo terminada en /-d/, pero se da metátesis de /-ld-/ por /-dl-/: *kantalda (kantadla); traeldo (traedlo); dezilde (dezidle)*.

Tanto el **infinitivo** como el **gerundio** sirven **como imperativo plural** cuando no hay pronombres enclíticos (*la, le, lo*): *komer!* o *komiendo!* por *komé!*

Tal como ocurre en castellano, el imperativo de las primeras y terceras personas, tanto afirmativo como negativo, se forma con el **presente de subjuntivo:** *ke yo avle, ke avle el, ke no avlen!...*

El imperativo de la **primera persona plural** se puede formar con:

*vini + 1ª pers. pl. futuro*
*Vini avlaremos, vini echaremos lashon...*

## 5. El subjuntivo

Rigen *subjontivo* los verbos que expresan[3]:

- Orden: *empozar, exijir, uvligar, permeter, defender...*
- Petición: *rogar, demandar, ensistir, konsejar...*
- Deseo: *dezear, suetar, kerer, preferar, konvenser, enteresar...*
- Suposición: *kreyer, pensar...*
- Emoción: *azer(se) plazer, desplazerse...*
- Esperanza: *esperar, mereserse...*

---

[2] En portugués el infinitivo puede corresponder a una persona del singular o el plural en algunas circunstancias. Este infinitivo personal (*infinitivo pessoal*) se usa cuando una oración tiene dos sujetos diferentes, para dejar claro quien realiza cada acción: *Eu pedi para eles virem;* yo pedi que ellos vinieran.

[3] Matilda Koén-Sarano: op. cit.

El subjontivo expresa la probabilidad de aquello que se afirma, mientras que el indikativo lo hace con seguridad e incluso certeza:
*Kreyes ke el no sepa la verda?* (subjontivo), el emisor teme que la persona de quien habla no sepa realmente aquello a lo que se refiere.
*Kreyes ke el no save la verda?* (indikativo), el emisor sospecha que la persona de quien habla sabe realmente aquello a lo que se refiere.

El subjuntivo ha sido sustituido por el indicativo en las oraciones subordinadas introducidas por verbos de emoción y también en condicionales que o bien expresan seguridad o bien una orden o prohibición:

*Sueto ke vendra* (deseo que venga, pero sé que va a venir).
*Si las mujeres diran esto por saharit* (si las mujeres dijesen…).
*i de azer misvot komo si ganavamos muncho* (como si ganásemos…).

## 6. Sobre las formas del Kondisional

Junto a las forma simple del condicional también se usa con el mismo significado la forma compuesta [*aver + a + infinitivo*] de clara influencia portuguesa[4]: *yevaría = Avia a yevar*

Se conserva el viejo pluscuamperfecto español en /-ra/ con valor condicional: *Eyos fizieran bien si ayudarian a sus padre* (ellos harían bien si ayudasen a su —de ellos— padre)

## 7. Expresar la condición

Existen cuatro maneras de expresar la condición, introducida por la conjunción *si:*

1. [*Prezente de indikativo + prezente de indikativo*], indica la seguridad: *si avlas presto, no te entiendo.*
2. [*Imperfekto de subjuntivo + kondisional*], expresa una situación hipotética, pero no imposible: *si yo fuera rico, seria muy feliche.*
3. [*Imperfekto de indikativo + kondisional*], aunque muy utilizada en el habla popular no es una construcción correcta. Viene a indicar lo mismo que la anterior: *Si yo era riko, yo seria muy feliche.*
4. [*Imperfekto de indikativo + imperfekto de indikativo*], aunque muy utilizada en el habla popular no es una construcción correcta. Viene a indicar lo mismo que la anterior: *Si yo era riko, yo era muy feliche.*

---

[4] Brief Descriptive Grammar of the Judeo-Spanish Language [citado 25 sep 2014]. Disponible en: *http://www.orbilat.com/Languages/Spanish-Ladino/Grammar/index.html*

## 8. EXPRESAR LA OBLIGACIÓN

1. Con el verbo dever en forma personal: *devo ir a merkar el pan.*
2. Con el verbo dever en forma impersonal: *se debe, se devia, se duvo, se devra.*
3. Con el verbo *tener + ke/de: tengo ke/de embiar el teksto.*
4. *Kale/kare (kalia/karia) + infinitivo o subjontivo: kale meldar, kale ke melde, karia ir.*

## 9. EXPRESAR LA NECESIDAD

1. En forma impersonal con *Es (o era, fue, sera) nesesario*
2. En forma impersonal con *Es (o era, fue, sera) menester*
3. En forma impersonal con *Ay (o avia, uvo, avra) menester (de)*
4. Con la perífrasis *Tener menester/demenester (de)*
5. Conjugando el verbo *Nesesitar*

## 10. PERÍFRASIS VERBALES USUALES

[*Estar | Ir + gerundio*] de significado progresivo e intimidad entre los hablantes: *Esto diziendo otra koza; vo komiendo!*

[*Venir + de + infinitivo*] expresa una acción recientemente terminada, es un préstamo del francés que se traduce en español por «acabar de»: *vengo de resivir unos maraviyozos livros,* acabo de recibir unos maravillosos libros.

[*Tornar + i + infinitivo personal*] para expresar una acción repetida, es un calco del hebreo: *Vos invitamos a tornar i escucharmos;* les invitamos a que nos escuchen de nuevo.

# Capítulo 10
# El adverbio

## 1. Definición

Adverbo es aquella clase de palabras que expresan una cualidad o determinan la acción verbal. Puede modificar a un verbo, a un adjetivo o a otro adverbio. En la oración realiza las funciones de complemento circunstancial o forma parte de otros modificadores. El adverbio es invariable, carece de género y de número.

Existen numerosos adjetivos que pueden ejercer la función de adverbios: *klaro, alto, limpio*. Es fácil determinar en cada caso si les corresponde una u otra función, dependiendo de si modifican a un sustantivo o a un verbo. Por ejemplo, *klaro* será adjetivo en *sielo klaro*, pero será adverbio en *avlar klaro*.

**Otros adverbios se forman añadiendo a la forma femenina de los adjetivos la terminación -*mente*:** *klaramente*.

Los adverbios *onde, kuando, kuanto* y *komo* equivalen a pronombres relativos; por esto reciben también el nombre de adverbios relativos: *el kal onde moramos* equivale a *el kal en el ke moramos*.

## 2. Tipos de adverbio

### 2.1. Cantidad
*Algo:* algo.
*Andjak:* apenas.
*Kaji, kaje, kuaje:* casi. *Mora kaji enfrente de mi.*
*Mas, maz:* más.
*Menos | Manko:* menos. *Ya save el Inglez, mas o menos.*
*Muncho:* mucho
*Poko:* poco.
*Tan:* tan. *Es tan grande ke no kave por la puerta.*
*Tanto:* Tanto me vino afuerte ke me saltaron las lagrimas.

## 2.2. Lugar

*Abasho:* abajo. *Kale ser modesto i mirar mas abasho de si.*
*Adelantre:* adelante. *Siempre ke mos vaygamos para adelantre.*
*Afuera, ahuera, fuera:* afuera, fuera. *Kere djugar afuera kon los ijikos.*
*Ademas:* además. *Ademas vos kero rengrasiar por vuestras palavras.*
*Aki:* aquí. *Ke bushkas por aki?*
*Ande, onde:* donde, a donde. *Ande lo metes, ayi esta.*
*Aparte:* aparte. *Antes biviya kon sus parientes; agora se salio aparte.*
*Alientro, Ariento, adientro:* dentro. *Ay ladron ariento de la kaza.*
*A(r)riva:* arriba. *Metyo todo de arriva abasho.*
*Ayi:* Allí. *nde lo metes, ayi esta.*
*Leshos:* lejos. *De leshos oyi una boz.*

## 2.3. Modo

*A pie:* a pie. *Kaminando a pie komo 10 minutos.*
*Ansi, ansina:* así. *Komo el sol aklara la tinievla, ansi el estudyo aklara a la inyorensa.*
*Arreves:* al revés. *Me se fue el bokado arreves.*
*Mijor:* mejor.
*Peor:* peor.
*Sierto:* cierto. *No lo tomes por sierto.*

## 2.4. Tiempo

*Agora:* ahora. *Mos demando sovre el Ladino, i komo lo eskrivimos agora.*
*Ainda, ayinda, dainda:* aún, todavía. *Ya tomo muncho i dainda demanda.*
*Ako(r)ruto:* a menudo. *Pasa por aki akorruto. (Munchas vezes.)*
*Amanyana:* mañana. *De aki mos vamos a Amsterdam amanyana.*
*Anoche:* anoche. *No me akodro lo ke komi anoche.*
*Antes:* antes. *Me demandates la alkunya ke teniya antes de kazarme.*
*Antiyer:* anteayer. *Antiyer me estava muriendo de la dolor.*
*Apenas:* apenas, en cuanto. *Apenas aboltas la kara, ya se izo tadre.*
*Apenas ke:* no bien (luego que).
*Ayer:* Ayer. *Ayer vino, ama se fue lugo.*
*Emprimero:* al principio, primero. *Kualo ke aga emprimero?*
*Endagora:* ahora mismo, ahorita. *Endagora abolti de Quiberon.*
*Entonses, Alora:* entonces. *Solo entonses eya le konto la vedra.*
*Djeneralmente:* en general. *Bivimos ayi una vida jeneralmente trankila.*
*Mientres (ke):* mientras (que).
*Siempre:* siempre. *La razon es siempre diferente.*

## 2.5. Duda

*Puede ser:* quizás, acaso, tal vez

## 2.6. Negación
*No, non:* no. *No save dizir no.*
*Nunka:* jamás.
*Tambien:* tampoco, incluso con sentido negativo.

## 2.7. Afirmación
*Si:* sí.
*Seguro, siguro:* seguro.
*Sierto:* cierto.

# Capítulo 11
# Preposiciones, conjunciones, coordinación y subordinación

## 1. Preposiciones

Observemos aisladamente las palabras *venir* y *kaza*, una expresa una acción y la otra un objeto o realidad, pero no existe relación entre ellas. Para conectarlas en una misma expresión hay que usar ciertos nexos lingüísticos. De este modo podremos crear expresiones como *venir de kaza, venir a kaza, venir verso kaza.* Estos nexos son:

**A, ante, basho, kon, kontra, de, dezde, en, entre, verso** (hacia), **asta fin** (hasta, como en catalán fins), **para, por, segun, sin, sovre, atrás**

Las preposiciones no solamente unen un verbo (*venir*) y un sustantivo (*kaza*), pueden unir dos sustantivos (*kaza de piedra*) o un adjetivo y un sustantivo (*yeno de kozas*).

Así pues, podríamos decir que la función principal de las preposiciones es enlazar cualquier palabra con un sustantivo que le sirve de complemento.

## 2. Conjunciones: coordinación y subordinación

Las conjunciones son nexos capaces de unir oraciones creando distintas relaciones entre ellas. Existen por un lado las conjunciones **coordinantes** y por otro las **subordinantes,** que crean relaciones de igual jerarquía (oraciones coordinadas) o de dependencia (oraciones subordinadas), respectivamente, entre las diferentes oraciones que enlazan.

Pero no sólo la conjunción establece este tipo de relaciones entre oraciones, algunos adverbios pueden introducir también subordinadas que a su vez hacen la función de adverbios de tiempo, de modo, de lugar... Por ejemplo: *lo topi onde me disho*, la proposición *onde me disho* hace la función de adverbio de lugar y podemos substitutirlo por *ayi*.

# 3. Oraciones coordinadas

## 3.1. Copulativas
Crean un simple enlace sin añadir matices especiales.
**I:** *Vino mi padre i marcho mi madre.*
**Ni:** *No durme ni kome.*
**Ni… ni:** *no kero ni esto ni el otro.*

## 3.2. Disyuntivas
Expresan contradicción entre las dos oraciones.
**O, u:** *Dame un livro o mijor dame dos.*
**O… o:** *O me keres o no me keres*
**Sea… sea:** *sea su padre, sea su nono nasieron en Turkia.*

## 3.3. Adversativas
Denotan oposición o diferencia entre las oraciones enlazadas.
**Ma, ama:** pero. *Yo so basho, ama mi ermano es alto.*
**Andjak, Aun kon esto:** sin embargo, no obstante. *Estudiyi muncho, andjak no reushi el egzamen.*
**Al kontrario:** sino. *No puedemos dizir ke es malo; al kontrario, es una koza muy agradavle.*

# 4. Oraciones subordinadas

## 4.1. Concesivas
La subordinada expresa una objeción o dificultad para que se efectúe lo que indica la principal, pero este obstáculo no impide finalmente la realización del hecho.
**Aunke:** *Te lo vo a dar aunke no lo mereskas.*
**Afilu:** aunque. *Una madre kere a su ijo afilú si es un bandido. (Neh).*
**Malgrado:** aunque, a pesar de. *Se fue malgrado el negro tiempo.*

## 4.2. Consecutivas
Presentan a una de las oraciones como consecuencia de la otra.
**Por konsekuensa:** por consiguiente. *No lavorates, por konsekuensa no ganates paras.*
**Por esto:** por eso. *Sos bueno, por esto te akontesio.*

## 4.3. Finales
La subordinada expresa el fin de la principal.
**Para ke:** *Te lo di para ke lo guadrases.*
**Deke:** *No se deke* (por qué) *en vezes el mizmo mesaj sale dos vezes.*

### 4.4. Completivas
La subordinada completa el significado de la principal.
*Ke: Me disho ke vendra.*

### 4.5. Causales
Indican que una de las oraciones es causa o motivo de la otra.
**Porke:** *No le plazyo akeya ijika porke era muy hadroza.*
**Portanto, aser ke:** por tanto, pues. *No komes? Aser ke no saldras.*
**Dunke:** pues, por lo tanto. *Dunke, dime komo te estan indo los estudios.*

### 4.6. Condicionales
Expresa la condición para que la subordinada realice lo que se dice en la principal.
**Si:** *Si no fago lo ke esto diziendo, no so fijo de mi padre (Neh).*
**Kuando:** *kuando este lo dize, sera vedra.*

### 4.7. Adverbiales Temporales
Compuestas por un adverbio o expresión de tiempo.
**Kuando:** *ven kuando keras.*
**Dezde ke:** *dezde ke nasi asta agora avlo i meldo el espanyol.*
**Antes ke:** *Eya se murio munchos anyos antes ke nasi yo.*
**Dospues ke:** *Unos kuantos mezes dospues ampesi a lavorar.*
**Mientres ke:** *aki entra poko a poko, mientres ke en otros paizes yevan tiempo.*

### 4.8. Adverbiales Modales
Compuestas por un adverbio de modo.
**Konforme:** *regresar a un modo de bivir konforme a Sus enkomendansas.*
**Komo:** *Lo izi komo me dishites.*
**Ansi:** *Esto disho el rey i ansi fue.*
**Asegun, segun:** *Segun la anketa, se van a desidar de yamarsen Sefarad.*
**De modo ke, de manera ke:** *Ambezalo de modo ke te sea fasil.*
**Kualmente:** como que. *Aki esta eskrito kualmente tu no pagates las taksas.*

### 4.9. Adverbiales Comparativas
Reciben este nombre porque la proposición subordinada establece una comparación con el predicado de la proposición principal. Toda la proposición subordinada puede sustituirse por el adverbio *ansi*.
**Komo si:** *Me avlo komo si no me konosiera.*

### 4.10. Adverbiales Locativas o de lugar
Introducidas por el adverbio *onde*, acompañado o no de preposición.
**Onde:** *Lo topi onde me disho.*

# Capítulo 12
# Expresiones de uso habitual

## 1. Saludos comunes

*Buenos dias*
*Buenas tadres, Tadrada buena*
*Buenas noches*
*Shalom (para saludar), El Dio mos de Shalom*
*Semanada buena, Buena semana*
*Una anyada buena kon muncha paz i salud, kon kaminos de leche i miel.*
*Anyada buena i dulse*
*Mis mas kalorozas felisitasiones*
*Grasias, Munchas grasias, Mersi muncho, Munchos mersis*
*De plazer, De nada*

## 2. Días de la semana

*Lunes*
*Martes*
*Mierkoles*
*Dju(g)eves*
*Viernes*
*Shabat, Sabá*
*Alhad, Alhat, Alhá*

## 3. Estaciones del año

*Primavera*
*Enverano*
*Otonyo*
*Invierno*

## 4. Meses del año

| Anyo Sivil | Anyo Djudio |
|---|---|
| Enero | Tevet |
| Febrero | Shevat |
| Marso | Adar |
| Avril | Nisan |
| Mayo | Iyar |
| Junio | Sivan |
| Djulio | Tamuz |
| Agosto | Av |
| Setiembre, septembre, septembro | Elul |
| Oktubre, oktobre | Tishrei (primer mes del año judío) |
| Noviembre, novembre | Heshvan |
| Disiembre, desiembre, desembre | Kislev |

Las equivalencias entre los meses de nuestro calendario y el judío no son del todo coincidentes, pues este último se rige por los ciclos lunares, mientras que nuestros meses son solares: 1 *Tishrei* 5775 correspondió al 25 de septiembre de 2014.

## 5. Expresar la fecha

La fecha se indica se forma similar al castellano, aunque en judeo-español los meses se expresan en mayúscula y puede omitirse la preposición *de* entre el mes y el año:

*5 de Disiembre 2013*
*5 de Disiembre de 2013*

## 6. Decir la hora

*Ke ora es? / Ke oras son?*
*Es la una (ora)*
*Es la una i kuarto*
*Es la una i media (oras)*
*Son las dos manko kuarto*
*Son las dos (oras)*
*A las dos*

*Un minuto/punto*
*Un sekondo/segundo*
*Un saat (reloj)/Una ora*
*Salimos a la sesh i kuarto*
*Arivamos a las tres manko kuarto*
*Son las kuatro i media*
*Komemos a mediodia*
*Salimos a mediodia i sinko*
*Medianoche*
*En la demanyana/Por la demanyana*
*En el di(y)a*
*En la tadrada*
*Noche de Shabat:* viernes al anochecer
*Shabat la tadre:* Sábado por la tarde
*Noche de alhad/Masae Shabat:* Sábado al anochecer

## 7. LOS COLORES

*Amariyo*
*Blanko*
*Blu, mavi (azul)*
*Kolorado, kurlado (rojo)*
*Moreno (marrón)*
*Oro*
*Plata*
*Portokal (naranja)*
*Preto (negro)*
*Roz (rosado)*
*Vedre, verde*

## 8. ALGUNAS FORMAS DE EXPRESARSE[1]

*A poko a poko:* Poco a poco
*Kere dizir:* Quiere decir
*Al pareser:* Al parecer
*Komerse el korason:* Reconcomerse
*Azerse del bovo:* Hacerse el tonto
*Korrer el rizgo:* Correr el riesgo
*Azerse del Mordehay:* Hacerse el loco
*Lo k'es ke sea:* Sea lo que sea

[1] Matilda Koén-Sarano: op. cit.

*Dar una mano:* Echar una mano
*Modrerse l'alguenga:* Morderse la lengua
*Darse kuenta:* Darse cuenta
*(No) Valer la pena:* (No) valer la pena
*De agora en delantre:* De ahora en adelante
*Oy dia:* Hoy en día
*De boka:* De boquilla
*Para ke se diga:* Para que se diga
*De bez en kuando:* De vez en cuando
*Pedrer de vista:* Perder de vista
*De bista/En vista:* Enseguida
*Pedrer la kabesa:* Perder la cabeza
*Deshar dicho:* Dejar dicho
*Por favor:* Por favor
*En dinguna manera:* De ninguna manera
*Por kavzo:* Por casualidad
*En fin de kuento:* A fin de cuentas
*Por poko:* Por poco
*En kurto:* De pasada, por encima
*Por si, por no:* Por si acaso
*En todo kavzo:* En todo caso
*Sin esto kon esto:* Sí o sí
*En todo modo:* De todos modos
*Sin falta:* Sin falta
*En un punto:* En un minuto
*Sin ke i sin porke:* Sin dar explicaciones
*En una palabra:* En una palabra
*Sin kerer:* Sin querer
*Ganarse la vida:* Ganarse la vida
*Tener lugar:* Tener lugar

# Capítulo 13
# Recursos en Internet

Por razones obvias esta lista no pretende ser ni exhaustiva ni definitiva, pero ofrecerá al estudiante del judeoespañol materiales útiles para aprendizaje de la lengua cotidiana.

## Alifatos

**Ladinotype**
*http://www.solitreo.com/ladinotype*

## Canales en Youtube

**Aprenda Ladino**
*https://www.youtube.com/watch?v=bFbAlpx8jMc*
**Autoridad Nasionala del Ladino i su Kultura**
*http://www.youtube.com/channel/UCui2WcHFOLKj__B2ZNhoN-g*
**Curso de Ladino**
*http://www.youtube.com/playlist?list=PL4C9697F1C7B46E1C*
**El último sefardí (documental TVE)**
*www.youtube.com/watch?v=m4FWyYYN2_M*

## Cursos y Comunidades virtuales

**Curso de Ladino en Internet**
*http://kursodeladino.blogspot.com.es*
**Klub de elevos de ladino**
*www.facebook.com/groups/KlubDeElevosDeLadino*
**Ladinokomunita**
*www.sephardicstudies.org/komunita.htm*

## Entidades

**Autoridad Nasionala del Ladino i su Kultura**
*http://www.ladino-authority.com*
**Centro de Investigación y Difusión de la Cultura Sefardí**
*http://www.cidicsef.org.ar*
**Instituto Sefardí Europeo**
*www.sefarad.org*

## Léxico y enciclopedias

**Diksionario de Djudeo-espanyol a Castellano**
*http://ladinokomunita.tallerdetinoco.org*
**Ladinopedia**
*http://lad.wikipedia.org*

## Radio

**Kol Israel**
*http://reka.iba.org.il*
**Radio Exterior de España**
*http://www.rtve.es/alacarta/audios/emision-en-sefardi*

## Revistas

**Aki Yerushalayim**
*http://www.aki-yerushalayim.co.il*
**Orizontes, una revista de kreasion manseva**
*www.issuu.com/matanstein*
**Los muestros**
*www.sefarad.org/lm*
**El amaneser**
*http://www.istanbulsephardiccenter.com/?sayfa=el*
**Salom**
*www.salom.com.tr*

## Verbos

**Lisyones de Djudeo-Espanyol**
*http://ladinokomunita.tripod.com/muestralingua/id14.html*
**Djudezmo verbs (All verbs)**
*http://www.allverbs.com/language.php?id=8779*
**Brief Descriptive Grammar of the Judeo-Spanish Language**
*http://www.orbilat.com/Languages/Spanish-Ladino/Grammar/index.html*

# Bibliografía

ALARCOS LLORACH, Emilio (2000). *Gramática de la lengua española*. Col. Nebrija y Bello. Madrid: Espasa Calpe.
BUNIS, David (1999). *Judezmo: An Introduction to the Language of the Ottoman Sephardim*. Jerusalén: Magnes Press.
CARRASCO GONZÁLEZ, Juan (1994). *Manual de iniciación a la lengua portuguesa.* Barcelona: Ariel
GARCÍA MORENO, Aitor: *El judeoespañol I. Conceptos básicos.* Biblioteca de recursos electrónicos de Humanidades, áea Lengua Española-Dialectología. Madrid: Liceus, Servicios de Gestión y Comunicación, 2010.
—*El judeoespañol II. Características*. Biblioteca de recursos electrónicos de Humanidades, área Lengua Española-Dialectología. Madrid: Liceus, Servicios de Gestión y Comunicación, 2010
KOEN-SARANO, Matilda (1999). *Kurso de djudeo-espanyol (ladino) para adelantados*. Beerseba: Universidad Ben Gurion del Neguev.
NAGORE LAÍN, Francho (1989, 5a ed.). *Gramática de la lengua aragonesa*. Zaragoza: Mira editores.
NEBRIJA, Elio Antonio de (1492). *Gramática de la lengua castellana*. Madrid: Fundación Antonio de Nebrija (online: *http://www.antoniodenebrija.org*).
PERAMOS SOLER, Natividad: *El judeo-español en Salónica. Influencias lingüísticas*. Serie Tesis Doctorales, Humanidades y Ciencias Sociales, núm. 14. Tenerife: Servicio de publicaciones de la Universidad de La Laguna, 2010.
QUINTANA, ALDINA (2004): «La influencia del romance aragonés en el judeoespañol» en Alfredo Romero Santamaría (coord.) *Sefarad Aragón*. Zaragoza: Diputación de Zaragoza e Ibercaja.
—«Aportación lingüística de los romances aragonés y portugués a la *coiné* judeoespañola» en *Languajes and literatures of sephardic and oriental jews*. Jerusalén: Misgav Yerushalayim & Bialik Institute, 2009.

**Salonik**, una de las variantes en ladino del nombre de la ciudad de Salónica, era un periódico en idioma judeoespañol publicado en dicha ciudad, entonces perteneciente al Imperio Otomano (hoy Grecia), a finales del siglo XIX. El periódico circuló desde 1869 hasta el año 1874; fue uno de los primeros diarios editados en idioma judeoespañol.

Esta ovra,
*Gramática básica de Djudeo-espanyol*
vido la luz por segunda vez
en primavera de 5778

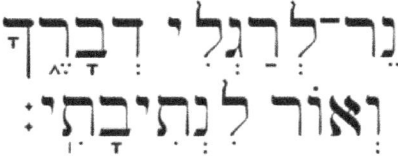

Tu palavra es kandela para mis pasos,
luz en mi kamino (Salmo 119:105)

Made in the USA
Monee, IL
13 January 2021